Deutsch konkret

Ein Lehrwerk für Jugendliche

Lehrbuch 1

Gerd Neuner, Peter Desmarets, Hermann Funk, Michael Krüger, Theo Scherling

LANGENSCHEIDT

BERLIN · MÜNCHEN · WIEN · ZÜRICH · NEW YORK

Deutsch konkret
Ein Lehrwerk für Jugendliche

Lehrbuch 1

von
Gerd Neuner, Peter Desmarets, Hermann Funk, Michael Krüger und Theo Scherling

in Zusammenarbeit mit
Volker Leitzbach und Bjarne Geiges (Fotografie)
Wolf Dieter Ortmann (Phonetik)
Zeichnungen und Layout: Theo Scherling

Umschlaggestaltung: Bjarne Geiges und Theo Scherling
Redaktion: Gernot Häublein

 = Dieser Text aus dem Lehrbuch ist wörtlich auf Cassette/Tonband 1A aufgezeichnet.

 = Zu diesem Abschnitt des Lehrbuchs enthalten Cassette/Tonband 1A zusätzliche Hörmaterialien.

Druck:	5.	Letzte Zahlen
Jahr:	87 86	maßgeblich

© 1983 Langenscheidt KG, Berlin und München

Nach dem Urheberrechtsgesetz vom 9. September 1965 i. d. F. vom 10. November 1972 ist die Vervielfältigung oder Übertragung urheberrechtlich geschützter Werke, also auch der Texte, Illustrationen und Graphiken dieses Buches
– mit Ausnahme der in §§ 53, 54 URG ausdrücklich genannten Sonderfälle –, nicht gestattet.

Druck: Druckhaus Langenscheidt, Berlin
Printed in Germany · ISBN 3-468-49850-0

Inhaltsverzeichnis

Kapitel 1 .... **8**

Verständigungsabsichten
- Selbstvorstellung
- Freundschaftliche Begrüßung
- Namen und Herkunft erfragen und nennen

Verständigungsbereiche/Themen
A1 Klasse 7A, Goethe-Schule 8
A2 Zählen und Rechnen auf deutsch 11

Lese- und Hörtexte
B Welche Wörter kennt ihr? 13

Grammatik
C1 Konjugation: Präsens/Personalpronomen: ich, du, er, es, sie .. 14
C2 Der Satz (Fragesatz, Aussagesatz) 14
C3 Possessivpronomen: mein – dein 15

Kapitel 2 .... **16**

Verständigungsabsichten
- Freundschaftliche und höfliche Begrüßung
- Preise erfragen und nennen

Verständigungsbereiche/Themen
A1 Herzlich willkommen bei Rocky 16
A2 Zahlen über 20 / Deutsches Geld 18

Lese- und Hörtexte
B1 Familie Schulz macht Urlaub 20
B2 Rocky kommt 22
B3 Das Caravan-Lied 23

Grammatik
C1 Personalpronomen (Plural): wir, ihr 24
C2 Possessivpronomen (Plural): unser, euer 24
C3 Höfliche Anrede 25
C4 Der Satz (Wortfrage und Satzfrage) 25

Kapitel 3 .... **26**

Verständigungsabsichten
- Herkunft erfragen/ nachfragen
- Sich vorstellen/anmelden
- Nichtverstehen ausdrücken
- Buchstabieren
- Deutsche Bezeichnungen erfragen und nennen
- Ortsangaben machen

Verständigungsbereiche/Themen
A1 Internationale Jugendgruppe: Woher kommst du? Woher kommt ihr? 26
A2 Jugendherberge 28
A3 In der Klasse: Wie heißt das auf deutsch? 30

Lese- und Hörtexte
B Eine Ansichtskarte 32

Grammatik
C1 Unbestimmter Artikel 33
C2 Bestimmter Artikel 33
C3 Sachen erfragen und benennen 33
C4 Zählen (Pluralformen von Hauptwörtern) 34
C5 Konjugation: "sein" und "haben" 34

Kapitel 4 36

Verständigungsbereiche/Themen
A1 Bettinas Stundenplan 36
A2 Lehrer und Klasse: Unterricht 38

Lese- und Hörtexte
B1 Zeugnis 40
B2 "Doofe Witze find' ich Spitze!" 41

Grammatik
C1 Bestimmter und unbestimmter Artikel: Nominativ und Akkusativ 42
C2 "ein" – "kein" 42
C3 Satzrahmen: trennbare Verben 42
C4 Konjugation: trennbare Verben 42
C5 Imperativ 42

Verständigungsabsichten
- Schulfächer benennen
- Interessen und Bewertungen ausdrücken
- Nichtverstehen ausdrücken
- Anordnungen verstehen – zustimmen/widersprechen

Kapitel 5 44

Plateau
1 Auf dem Campingplatz 44
2 Ein Brief 46
3 Ein Würfelspiel: "So ein Mist!" 47
4 Was sagen die Leute? 48
5 Lied: "Dracula" 49

Kapitel 6 50

Verständigungsbereiche/Themen
A1 Junge Leute und ihre Hobbys 50
A2 Farben 53
A3 Sportarten 54

Lese- und Hörtexte
B1 Was ich besonders gern habe 56
B2 Was ich besonders mag: Tischtennis 56

Grammatik
C1 Adjektive im Satz 57
C2 Steigerung ("gern", "gut") 57
C3 Sich für etwas interessieren 57

Verständigungsabsichten
- Personen beschreiben
- Interessen und Vorlieben ausdrücken
- Sportarten benennen
- Gegenstände nach ihrer Farbe beschreiben

Kapitel 7 58

Verständigungsbereiche/Themen
A1 Verabredungen 58
A2 Die Uhrzeit 60
A3 Renates Wochenplan 61

Lese- und Hörtexte
B1 Comic: "Supermann im Hallenbad" 62
B2 Was tut weh? 63
B3 Mein Freund und ich 64

Grammatik
C1 Personalpronomen: Akkusativ 65
C2 Fragen nach der Zeit: wann?, wie lange?, wie oft? 65

Verständigungsabsichten
- Terminvorschläge machen – zustimmen/ablehnen
- Körperteile benennen
- Uhrzeiten erfragen und nennen
- Zeitpunkt, Dauer und Häufigkeit erfragen und nennen

Kapitel 8 66

Verständigungsbereiche/Themen
A1 Unterwegs 66
A2 Orientierung in der Stadt 68

Verständigungsabsichten
- Auskunft über Ausgangspunkt/Ziel/Dauer einer Reise geben
- Nach dem Weg fragen/ den Weg beschreiben
- Nichtwissen ausdrücken

Lese- und Hörtexte
B1 Bahnfahren und Trampen 70
B2 Orientierung mit dem Stadtplan 71

Grammatik
C1 Ortspräpositionen mit Dativ 72
C2 Ordnungszahlen und Datum 72

Kapitel 9 74

Verständigungsbereiche/Themen
A1 "Kann ich mal dein Mofa haben?" 74
A2 Gebote und Verbote (im Straßenverkehr) 76

Verständigungsabsichten
- Um etwas bitten
- Eine Bitte erfüllen/ abschlagen
- Gebote/Verbote ausdrücken

Lese- und Hörtexte
B1 Kleinanzeigen 79
B2 Comic: "Was will Rudi?" 80
B3 Mit 13, mit 15, mit 16, mit 18:
So ist es in der Bundesrepublik 81

Grammatik
C1 Modalverben 82
C2 Wortstellung – Satzklammer 82

Kapitel 10 84

Plateau
1 "Sprechen Sie Deutsch?" 84
2 Ferien 85
3 Am Bahnhof Duisburg 86
4 Meine Familie 87
5 Schulordnung 88
6 Anna und Jens erzählen von ihrer Schule 89
7 Dracula hat Zahnweh 90
8 Am Bahnhof und im Zug: Piktogramme 91
9 Auf der Straße: Verkehrszeichen 91
10 Bildlexikon: Fahrrad und Moped 92
11 Stefanie und ihre Freundinnen 93

Alphabetisches Wortschatzregister 94

In diesen Ländern spricht man Deutsch: Bundesrepublik Deutschland Ⓓ – Deutsche Demokratische Republik ⒹⒹⓇ – Österreich Ⓐ – Schweiz ⒸⒽ

1 Klasse 7A, Goethe-Schule

Guten Tag!	– Hallo!	Wer ist das?	– (Das ist) Herr Bieler.
Wie heißt du?	– (Ich heiße) Monika.		(Das sind) Emine und Karl.
Woher kommst du?	– (Ich komme) aus Kassel.	Wo wohnen sie?	– (Sie wohnen) auch in Kassel.
Wo wohnst du?	– (Ich wohne) in Kassel.	Wie alt sind sie?	– Emine ist vierzehn, Karl auch.
Wie alt bist du?	– (Ich bin) dreizehn.		

	Das ist mein Freund.
Wie heißt dein Freund?	– (Mein Freund heißt) Klaus.
Wie heißt deine Freundin?	– (Meine Freundin heißt) Astrid.
Wie heißt deine Lehrerin?	– Frau Steger ist die Klassenlehrerin.
Wie heißt dein Lehrer?	– (Mein Lehrer heißt) Hans Bieler.

1A

Ü1 Aussprache

Deutsche Mädchennamen:

As|trid	Kat|ja
Mo|nika	Ste|fanie
E|va	Son|ja
Ca|ro|la	
Su|san|ne	
Chris|ti|ne	
Sa|bi|ne	
Ka|rin	

Deutsche Jungennamen:

Ste\|fan
Mar\|tin
Pe\|ter
Chri\|stian
An\|dre\|as
Klaus
U\|we
Karl

Deutsche Familiennamen:

Mei\|er
Mül\|ler
Schmidt
Schulz
Bie\|ler
Ste\|ger
E\|der

Ü2 Intonation

Wie heißt du? – Ich heiße Mar\|ti\|na.
Woher kommst du? – Aus Deutsch\|land.
  Ich komme aus Deutsch\|land.
  Ich komme aus Hol\|land.
Wie alt bist du? – Vier\|zehn.
  Ich bin vier\|zehn. Und du?
Wer ist das? – Klaus.
  Das ist Klaus.
  Das ist Klaus Schmidt.
Wo wohnt er? – In Kas\|sel.
  Er wohnt in Kas\|sel.
Und E\|mine? – Auch in Kassel.
  Sie wohnt auch in Kassel.

Ü3 Wie heißt du?

Woher kommt Klaus? Er kommt aus Deutschland.

Wie	wohn-	en	Beatrix?		Ich	komm-	st	aus Deutschland.
Woher	heiß-	t	Klaus?		Du	wohn-	t	in Kassel.
Wo	komm-	st	Stefan und Susanne?		Er/Sie	heiß-	en	Sabine.
Wer	(sein)		du?		Sie	(sein)	t	Stefan.
			er?					......
			sie?					
			aus Deutschland?					
			in Kassel?					

Zählen und Rechnen auf deutsch

0 null	
1 eins	11 elf
2 zwei	12 zwölf
3 drei	13 dreizehn
4 vier	14 vierzehn
5 fünf	15 fünfzehn
6 sechs	16 sechzehn
7 sieben	17 siebzehn
8 acht	18 achtzehn
9 neun	19 neunzehn
10 zehn	20 zwanzig

Wie viele?	–	Eins, zwei, ..., neun, ..., dreizehn, ..., zwanzig.
Wieviel ist	drei plus acht? (3 + 8)	– Elf. (11)
	vier minus zwei? (4 – 2)	– Zwei. (2)
	sieben mal zwei? (7 × 2)	– Vierzehn. (14)
	fünfzehn geteilt durch drei? (15 : 3)	– Fünf. (5)

Ü4

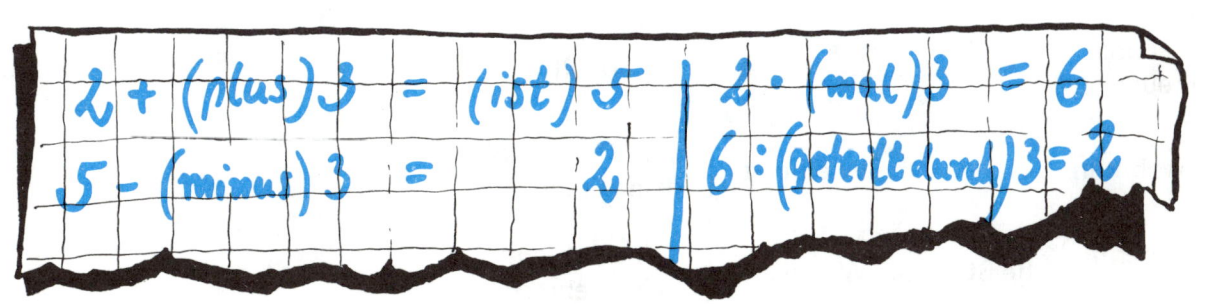

2 + (plus) 3 = (ist) 5 | 2 · (mal) 3 = 6
5 − (minus) 3 =   2 | 6 : (geteilt durch) 3 = 2

1A

Ü5 Wie heißt du?

1. Wie heißt **du**? — Ich heiße ...... Und du?
2. Wie alt bist **du**? — Ich bin ...... Und du?
3. Woher kommst **du**? — Aus ...... / Ich komme aus...... Und du?
4. Wo wohnst **du**? — In ...... / Ich wohne in ...... Und du?
5. Wer ist **das**? — Das ist ...... Und wer ist das?

Ü6 Wer ist das?

| Eva Schulz, 12, Bonn | Emine Tamm, 14, Kassel | Uwe Schmidt, 14, Düsseldorf | Katja und Stefan, 11 und 12, Kassel |
| Christof Maier, 13, München | Sonja Weber, 13, Hamburg | Herr Eder, Köln | Rockine und Rocky, ...? |

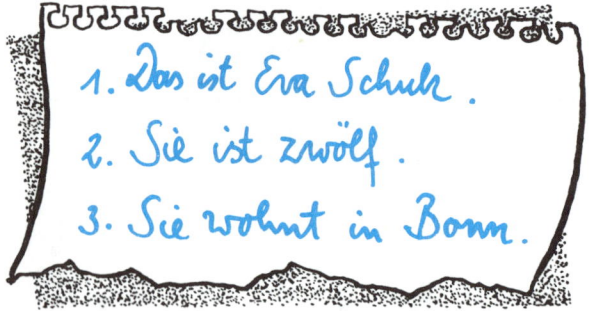

1. Das ist Eva Schulz.
2. Sie ist zwölf.
3. Sie wohnt in Bonn.

1. Wer ist das?
   Das ist ......
   Das sind ......

2. Wie alt ist er?
   Wie alt ist sie?
   Wie alt sind sie?

3. Wo wohnt er?
   Wo wohnt sie?
   Wo wohnen sie?

   In ......

Ü7 Meine Freundin – dein Freund

Meine Freundin / Mein Freund } heißt ...... Sie / Er } ist ..... Jahre alt.

Sie / Er } wohnt in ...... Wie heißt { deine Freundin? / dein Freund?

Meine Lehrerin / Mein Lehrer } heißt ...... Wie heißt { deine Lehrerin? / dein Lehrer?

Ü8 Welche Wörter kennt ihr?

Ü9 Bitte mehr internationale Wörter sammeln.

Ü10 Bitte deutsche Wörter sammeln.

1. Konjugation: Präsens / Personalpronomen: ich, du, er, es, sie

SINGULAR

	sein	wohnen	kommen	heißen
ich	bin	wohn **e**	komm **e**	heiß **e**
du	bist	wohn **st**	komm **st**	heiß **t** ⚠
er es sie	ist	wohn **t**	komm **t**	heiß **t**

PLURAL

	sein	wohnen	kommen	heißen
sie	sind	wohn **en**	komm **en**	heiß **en**

ß = ss

2. Der Satz

Fragesatz			Aussagesatz		
Wie	heißt	du?	Ich	heiße	Monika.
Wie alt	bist	du?	Ich	bin	zwölf.
Woher	kommst	du?	Ich	komme	aus Deutschland.
Wo	wohnst	du?	Ich	wohne	in Kassel.
Wer	ist	das?	Das	ist	Klaus.
Wie alt	ist	er?	Er	ist	dreizehn.
Wo	wohnen	sie?	Sie	wohnen	in Kassel.

3. Possessivpronomen: mein – dein

der Ball	mein Ball	dein Ball
	mein Lehrer mein Freund	dein Lehrer dein Freund
das Telefon	mein Telefon	dein Telefon
die Gitarre	meine Gitarre	deine Gitarre
	meine Lehrerin meine Freundin	deine Lehrerin deine Freundin

Guten Tag, ich heiße Rotkäppchen.	– Freut mich, mein Name ist Batman.
Sind Sie Rocky?	– Ja, und wer sind Sie?
Entschuldigung, sind Sie Herr Schulz?	– Nein, ich heiße Dracula.
Hallo, Charlie!	– Hallo, Rudi! Wie geht's?
Ist das Dracula?	– Ja, das ist er!/Nein, das ist ...../Ich weiß nicht.
Wie heißt du?	– Max, und du?

2A

Ü1 Intonation

1. "Guten Tag, ich heiße Maier."
   "Freut mich, mein Name ist Müller."

2. "Sind Sie Herr Eder?" – "Nein, ich heiße Schulz."

3. "Wie heißen Sie?" – "Schulz."
   – "Ich heiße Müller."

4. "Guten Tag, Herr Müller." – "Guten Tag, Frau Schmidt."

5. "Hallo, Astrid, wie geht's?" – "Hallo, Klaus. Danke gut."

6. "Entschuldigung, heißen Sie Bieler?" – "Nein, mein Name ist Steger."

7. "Ist das Fräulein Schmidt?" – "Ja, das ist sie."
   "Ich weiß nicht."

Ü2 Guten Tag, mein Name ist Steger

C3,4

1. | Guten Tag. Mein Name ist Steger. Wie heißen Sie? ..... | – | ..... |

2. | Entschuldigung, sind Sie Herr / Frau / Fräulein .....? | – | Ja, und wer sind Sie? | – | Ich heiße ..... |
   | | | Nein, ich heiße ..... | | |

3. | Ist das Herr / Frau / Fräulein .....? | – | Ja, das ist er/sie. | ..... |
   | | | Nein, das ist Herr / Frau / Fräulein | |
   | | | Ich weiß nicht. | |

Ü3 Freunde begrüßen

"Hallo, Peter, wie geht's?" – "Hallo, Eva. Danke, gut."
"Tag, ..."
.....

Ü4 Entschuldigung, wie heißen Sie?

C3,4

1. Sind ..... Herr Eder? – Nein, ich ..... Schulz.
2. ..... Sie Müller? – Ja. Wie ..... Sie?
3. .....

2 Zahlen über 20

21 einundzwanzig	31 einunddreißig	50 fünfzig
22 zweiundzwanzig	32 zweiunddreißig	60 sechzig
23 dreiundzwanzig	33	70 siebzig ⚠
24 vierundzwanzig	34	80 achtzig
25 fünfundzwanzig	35	90 neunzig
26 sechsundzwanzig	36	100 hundert
27 siebenundzwanzig	37	101 hunderteins
28 achtundzwanzig	38	
29 neunundzwanzig	39	200 zweihundert
30 dreißig	40 vierzig	
		1000 tausend

Deutsches Geld

Geldstücke:

der Pfennig
das Zweipfennigstück
der Fünfer
der Zehner, der Groschen
der Fünfziger
das Markstück
das Zweimarkstück
das Fünfmarkstück

Geldscheine:

der Zehnmarkschein
der Zwanzigmarkschein
der Fünfzigmarkschein
der Hundertmarkschein
der Fünfhundertmarkschein
der Tausendmarkschein

Ü5 Eine Mark ist .....

..... fünfzig Pfennig und fünfmal zehn Pfennig
oder zehnmal zehn Pfennig
oder fünfzig Pfennig und zehnmal fünf Pfennig
oder .....

Bitte, was kostet ein Hamburger?	– Zwei Mark fünfzig. (DM 2,50)
eine Cola?	– Eine Mark fünfzig. (DM 1,50)
eine Gitarre?	– Hundertsechsundneunzig Mark. (DM 196,–)
eine Cassette?	– Fünf Mark sechzig. (DM 5,60)
ein Foto?	– Fünfundneunzig Pfennig. (DM 0,95)
ein Fußball?	– Vierzig Mark. (DM 40,–)

Ü6 Abzählen ohne 5

Ü7 Ein Rechenspiel: "Die verbotene Fünf"

Bitte selbst Aufgaben mit verbotenen Zahlen machen.

Ü8 Karl und Hans tauchen

① Hans taucht.
   Karl zählt: "Eins, zwei, drei ....."

② .....

③ .....

.....

2B

1 Familie Schulz macht Urlaub

Das ist Familie Schulz. Herr Schulz ist Mechaniker, Frau Schulz ist Sekretärin. Klaus ist 14, seine Schwester Karin 12. Sie wohnen in Dülmen bei Münster.
Familie Schulz hat einen Caravan. In den Ferien fahren sie oft nach Holland, ans Meer.

Diesmal sind sie auf einem Campingplatz bei Zandvoort. Klaus und Karin haben ein Zelt, Herr und Frau Schulz schlafen im Caravan.

Auf dem Campingplatz gibt es viele junge Leute.
Das ist Guido Friedl aus Wien in Österreich. Er ist 15.
Charlotte Richter kommt aus Basel.
Pierre Lefèvre wohnt in Metz. Das ist in Frankreich.

Guido   Charlotte   Pierre

Die meisten sind aus Holland:
Henk, 15, ist aus Utrecht.
Mieke, 14, ist aus Amsterdam.
Adri, 14, wohnt in Leiden.

Mieke   Henk   Adri

Familie Schulz:
Herr Schulz
Frau Schulz
Klaus – Karin
Dülmen
Caravan
Ferien
Holland: Meer

Campingplatz:
Zandvoort
Zelt

junge Leute:

Guido – Wien

Charlotte – Basel
Pierre – Metz

. . . . .

Henk – Utrecht
Mieke – Amsterdam
Adri – Leiden

Ü9 Was verstehst du? Bitte die Wörter am Rand im Wörterbuch nachschlagen.

Ü10 Bitte die folgende Liste ausfüllen:

NAME	ALTER	STADT	LAND
Klaus Schulz	14	Dülmen	Deutschland

Ü11 Herzliche Grüße aus den Ferien!

Lieber Henk! 10.8.
Wie geht's?
Wir machen hier Ferien.
Wir waren schon in ▓▓▓
und in ▓▓▓. Ich habe
auch einen Freund!
Er heißt ▓▓▓, er ist
▓▓▓ Jahre alt und kommt
aus ▓▓▓. Herzliche Grüße!
Bis bald! Dein Klaus

An Herrn
Henk Bieker
Mortonhof 15
NL-3511 SH Utrecht
Niederlande

2 Rocky kommt

Wer ist das? .....
Woher kommt er? .....
Wie heißt er? .....

"Entschuldigung, sprechen Sie Deutsch?"
"Verzeihung, heißen Sie Schulz?"
"Wer sind Sie?"
"Wie heißen Sie?"
"Woher kommen Sie?"
"Verstehen Sie Deutsch?"

Guten Tag, ich heiße Rocky.
Ich komme vom Mars.

Das ist meine Schwester Rockine.

Mein Bruder heißt Roxy.
Er ist 20 Jahre alt.
Ein Baby!

Meine Eltern heißen
Rocko und Rocka.
Mein Vater ist der Pilot der "Galaxy".
Meine Mutter ist "Miss Universum"!
Sie ist schön, oder?

Wo bin ich?
Ist das hier Deutschland??

Ü12 Rocky:

Vater: ..... Mutter: ..... Bruder: ..... Schwester: .....

Das Caravan-Lied

1. Wir fahren mit dem Caravan nach Hamburg auf der Autobahn, auf Wiedersehn, adieu, good-bye! Wir fahren heute fort.

2. Der Vater macht den Motor an,
   brumm, brumm, brumm, brumm, jetzt geht es an.
   Auf Wiedersehn, ...

3. Der linke Reifen hat ein Loch.
   Die Mutter schimpft, der Vater kocht.
   Auf Wiedersehn, ...

4. Die Schwester ruft: „Ach, seht mal da!
   Da drüben fährt Herr Dracula!"
   Auf Wiedersehn, ...

5. Auf einmal kommt ein UFO an.
   Das ist der Rocky, Mann, oh, Mann!
   Auf Wiedersehn, ...

6. Wir kommen bald in Hamburg an.
   Dort treffen wir die Großmama.
   Auf Wiedersehn, ...

2C

1. Personalpronomen (Plural): wir, ihr

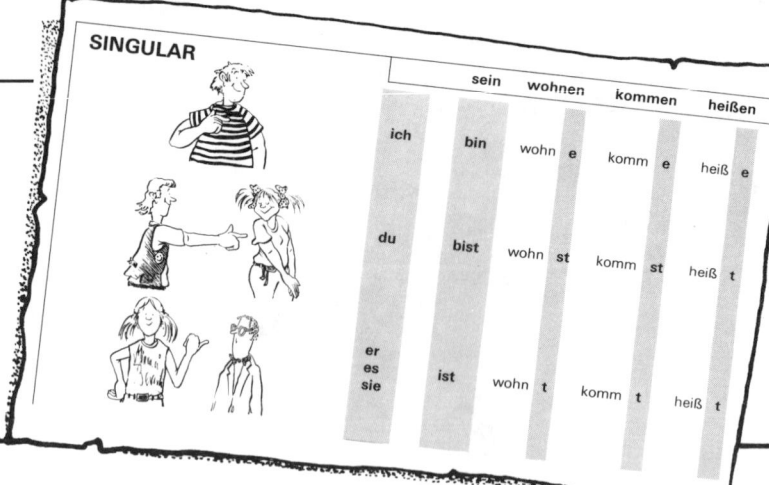

	sein	wohnen	kommen	heißen
wir	sind	wohnen	kommen	heißen
ihr	seid	wohnt	kommt	heißt

2. Possessivpronomen (Plural): unser, euer

unsere Gitarre | **eure** Gitarre

unser Ball | **euer** Ball

3. Höfliche Anrede

Ich heiße Müller.
Entschuldigung, wer sind **Sie**?
wie heißen **Sie**?
sind **Sie** Herr Schulz?

4. Der Satz

Aussagesatz	Fragesatz: Wortfrage	Fragesatz: Satzfrage
Mein Name ist Steger.	**Wie** ist Ihr Name?	Ist Ihr Name Steger?
Ich heiße Schulz.	**Wie** heißen Sie?	Heißen Sie Schulz?
Ich bin Uwe Schmidt.	**Wer** sind Sie?	Sind Sie Herr Schmidt?
Ich heiße Martin.	**Wie** heißt du?	Heißt du Martin?
Ich wohne in Kassel.	**Wo** wohnst du?	Wohnst du in Kassel?
Das ist Frau Schulz.	**Wer** ist das?	Ist das Frau Schulz?

Ü 13

Wie heißt ihr?	– Wir heißen Rocky und Rockine.	Und wie heißt ihr?
Woher kommt ihr?	– Wir	Und woher .....?
Versteht ihr Deutsch?	– Wir	Und ihr?
Wie alt seid ihr?	–	Und wie alt .....?
Seid ihr vom Mars?	–	Und woher .....?
Wie heißt euer Lehrer?	–	Und wo .....?
Wie heißt eure Lehrerin?	–	Und wie .....?

3A

1 Woher kommst du? Woher kommt ihr?

John Craig, Cork, Irland

Das ist Olav Nordli. Er kommt aus Bergen in Norwegen.

Anne Blée ist aus Montreal, Kanada.

Nick ten Berg ist aus Amsterdam in Holland.

Paul Riz und Jeanne Sue sind aus Montpellier, Frankreich.

Debbie Clark und Jack Steele aus Boston, USA

Woher kommst du?	–	Aus Cork.
Woher kommt ihr?	–	Aus Boston.
Wo ist das?	–	In Irland.
Wo liegt das?	–	In den USA. ⚠

Ü1

Bente
Debbie + Jack   } WOHER?
.....

Odense
Boston   } WO?
.....

Bente Juul und Hanne Jensen kommen aus Odense, Dänemark.

Carla Björck ist aus Malmö, Schweden.

Julio Rota ist aus Verona in Italien.

Hein Hansen, Buxtehude, Bundesrepublik Deutschland

Akira Kôyô kommt aus Osaka in Japan. Kaga Yishima auch.

Mbawi Kano aus Lagos, Nigeria

Resi Bauer aus Linz in Österreich

Ist hier frei?

...mampf... Bitte schön!

○ Ich heiße Resi.
● Ich bin Olav. – Woher kommst du?
○ Aus Linz.
● Wo liegt das?
○ In Österreich. – Und woher kommst du?
● .....

3A

2

a) Wie bitte?

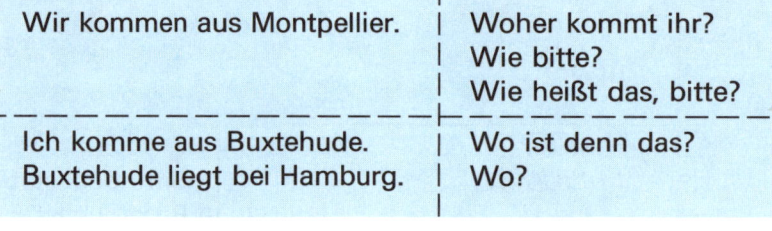

Wir kommen aus Montpellier.	Woher kommt ihr?
	Wie bitte?
	Wie heißt das, bitte?
Ich komme aus Buxtehude.	Wo ist denn das?
Buxtehude liegt bei Hamburg.	Wo?

b) Buchstabieren

○ Ich komme heute abend.
● Wie heißen Sie?
○ Carla Björck.
● Bitte buchstabieren Sie!
○ – be
  – jott
  – ö
  – err
  – tse
  – ka

Buchstabieren:

A	= a	N	= enn
B	= be	O	= o
C	= tse	P	= pe
D	= de	Q	= ku
E	= e	R	= err
F	= eff	S	= ess
G	= ge	T	= te
H	= ha	U	= u
I	= i	V	= fau
J	= jott	W	= we
K	= ka	X	= iks
L	= ell	Y	= üpsilon
M	= emm	Z	= tsett
ä, ö, ü		ß	= ess-tsett

3A

Ü2 Aussprache

Bauer, Japan, Irland, Resi, Schweden, Deutschland, Schule;
Kanada, Dänemark, Österreich, Jugendherberge, Ypsilon, Theodor;
Italien, Verona, Buxtehude, buchstabieren, woher

Ü3 Intonation

Woher kommt ihr denn? – Aus Montpellier. – Wie bitte?
Und du? – Ich? – Aus Buxtehude. – Woher?
Wo ist denn das?
Wie heißt das bitte? – Buchstabieren Sie!
Buxtehude liegt bei Hamburg.

Ü4

Fragen:	Antworten:	Nicht verstehen und nachfragen:
Wie heißt du?	Ich heiße	Wie bitte?
Wie heißt ihr?	Wir heißen	Bitte buchstabieren!
Wie heißen Sie?		Bitte buchstabieren Sie!
Name?	.....	Woher?
Woher kommst du?	Ich komme aus	Wie heißt das?
Woher kommen Sie?	Wir kommen aus	Wo liegt das? / Wo ist denn das?

Ü5

Name:	ten Berg	NR. 731
Vorname:	Nick	
Alter:	17 Jahre	
Land:	Niederlande	
Adresse:	Herengracht 8	
	NL – 1015 BH Amsterdam	

Anmeldung spielen

Schreibe deine Anmeldekarte.

3A

3 Wie heißt das auf deutsch?

1 $\frac{die}{eine}$ Landkarte

2 $\frac{der}{ein}$ Stuhl

3 $\frac{der}{ein}$ Tisch

4 $\frac{das}{ein}$ Buch

5 $\frac{die}{eine}$ Tasche

6 $\frac{die}{eine}$ Tafel

7 $\frac{das}{ein}$ Heft

8 $\frac{der}{ein}$ Bleistift

9 $\frac{der}{ein}$ Kuli

Wie heißt Nr. 4 auf deutsch?	– Buch.
Wie heißt das hier auf deutsch?	– Das heißt Heft.
Was ist das hier?	– Eine Tasche.
Was ist Nr. 9?	– Ein Kuli.

3A

Ü6 Aussprache

Stuhl, Tafel, Tisch, Tasche, Buch, Landkarte, Bleistift, Heft, Kuli.

Ü7 Intonation

Wie heißt das hier auf deutsch? – Buch.

Wie heißt das hier? – Landkarte.

Was ist Nummer zwei? – Eine Tasche.

Ü8 Wie heißt das auf deutsch?

① ○ Wie heißt das auf deutsch? – ● Stuhl.

Ü9 Was ist das?

○ Was ist das, eine Landkarte? – ● Nein, eine Tafel.

eine Landkarte?   ein Buch?   ein Tisch?

eine Tafel?   ein Heft?   ein Stuhl?

3B

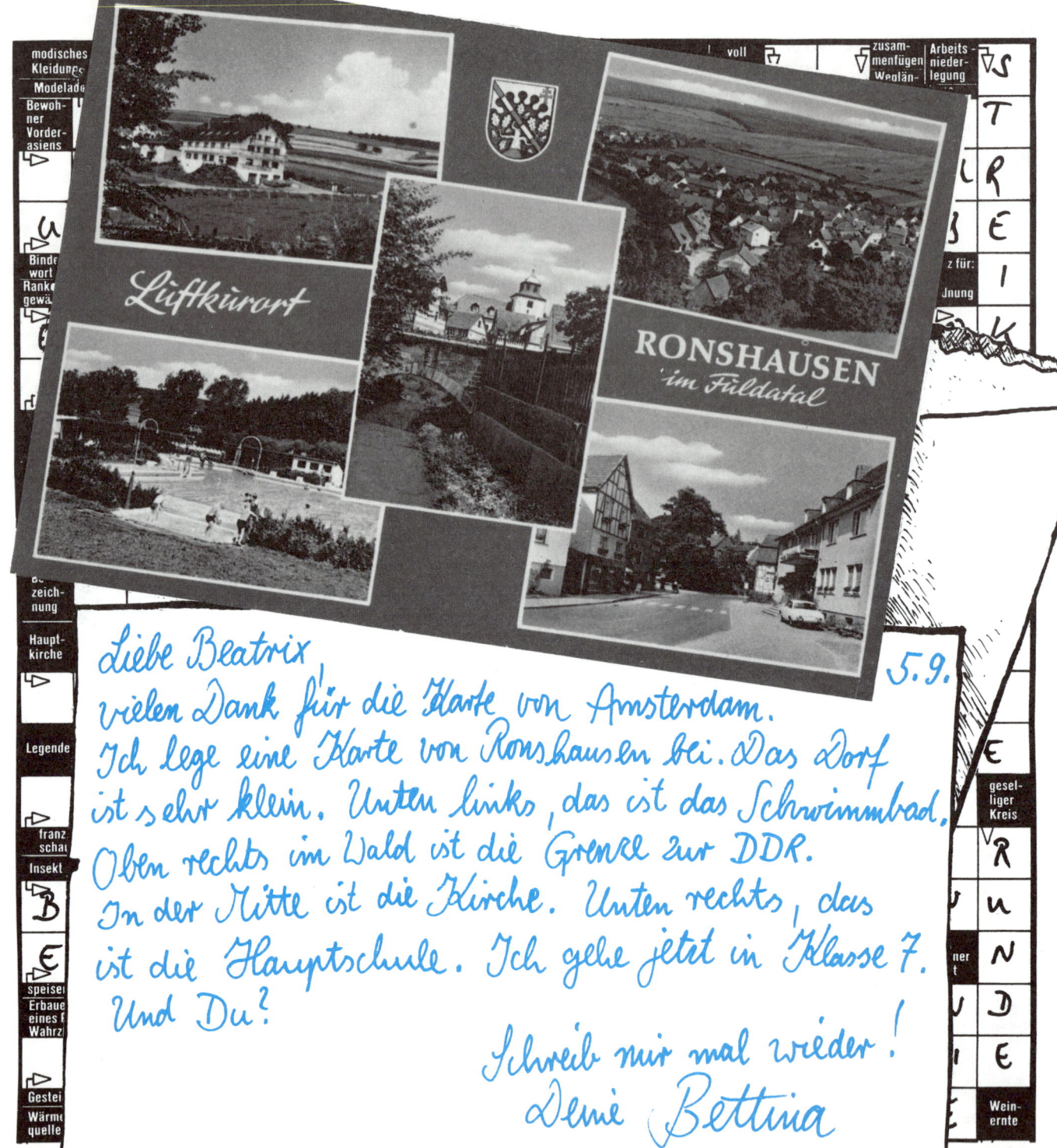

Liebe Beatrix,   5.9.
vielen Dank für die Karte von Amsterdam.
Ich lege eine Karte von Ronshausen bei. Das Dorf
ist sehr klein. Unten links, das ist das Schwimmbad.
Oben rechts im Wald ist die Grenze zur DDR.
In der Mitte ist die Kirche. Unten rechts, das
ist die Hauptschule. Ich gehe jetzt in Klasse 7.
Und Du?
                    Schreib mir mal wieder!
                        Deine Bettina

Ü10 Bitte die Karte beschreiben:

Links oben, das ist ein Hotel.
Links unten, ...

⊗ links oben   rechts oben ⊗

           in der Mitte
                ⊗

⊗ links unten   rechts unten ⊗

1. Unbestimmter Artikel

ein Fußball   **ein** Auto   **eine** Tasche

Lehrer	Bleistift		Zimmer	Buch		Jugendherberge	Lehrerin
Herr	Tisch		Telefon	Heft		Tafel	Landkarte
Stuhl	Kuli		⚠ – Geld ⚠			Schule	Nummer
						Klasse	Frau

♂ Maskulinum   ○ Neutrum   ♀ Femininum

2. Bestimmter Artikel

der Fußball ist alt   **das** Auto ist schnell   **die** Tasche ist schön

Lehrer	Bleistift		Zimmer	Buch		Jugendherberge	Lehrerin
Herr	Tisch		Telefon	Heft		Tafel	Landkarte
Stuhl	Kuli		Geld			Schule	Nummer
						Klasse	Frau

3. Sachen erfragen und benennen

Fragen

Was	ist	das?	
Was	ist	das hier?	
Was	ist	das da?	
Was	ist	Nr. 4?	
Wie	heißt	das auf deutsch?	
Wie	heißt	das hier auf deutsch?	
Wie	heißt	Nr. 8 auf deutsch?	

Antworten

Ein		Tisch.
Ein	e	Karte.
Ein	e	Tafel.
Ein		Stuhl.
Ein	e	Tasche.
Ein		Buch.
		Landkarte.
		Tasche.
		Bleistift.

4. Zählen (Pluralformen von Hauptwörtern)

−e	¨e	−en	−n	−−	−s
Tisch −e	Stühl −e	Frau −en	Tasche −n	Lehrer −−	Kuli −s
Bleistift−e	Schwämm−e	Herr −en	Schule −n	Schüler −−	Cola−s
Freund −e	Fußbäll −e	Tourist −en	Nummer −n	Groschen −−	
Pfennig −e		⚠	Klasse −n	Mark −−	
Stück −e			Landkarte −n	Hamburger−−	
Schein −e		Freundin−n−en	Schwester −n		
			Tafel −n		
			Jugendherberge−n		
			Gitarre −n		
			Cassette −n		

Beispiel: zwei Tische, drei Stühle, vier Herren, fünf Taschen, sechs Schüler, sieben Mark, acht Kulis

5. Konjugation: "sein" und "haben"

			sein	haben
Singular	1. Person	ich	bin	habe
	2. Person	du	bist	hast
	3. Person	er/es/sie	ist	hat
Plural	1. Person	wir	sind	haben
	2. Person	ihr	seid	habt
	3. Person	sie/Sie	sind	haben

Ü11 Bitte die Artikel einsetzen:

Beispiel: ① *der* Tisch

① Tisch, ② Tafel, ③ Kuli, ④ Frau, ⑤ Geld, ⑥ Jugendherberge, ⑦ Lehrer, ⑧ Schule, ⑨ Klasse, ⑩ Bleistift, ⑪ Fußball, ⑫ Nummer, ⑬ Herr, ⑭ Heft, ⑮ Stuhl.

Ü12

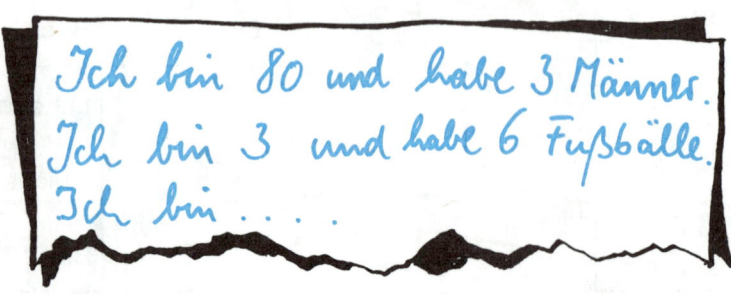

Ich bin 80 und habe 3 Männer.
Ich bin 3 und habe 6 Fußbälle.
Ich bin ....

Ü13 Bitte Pluralformen schreiben:

1) 17 (Junge) 2) 7 (Stuhl) 3) 2 (Pfennig) 4) 15 (Mark) 5) 4 (Tasche)

6) 62 (Bleistift) 7) 5 (Ball) 8) 45 (Bild) 9) 30 (Mädchen) 10) 1 (Tafel)

Ü14 Das ABC-Lied

A B C D E F G,
a be tse de e eff ge,

H I J K L M N O P,
ha i jott ka ell emm enn o pe;

Q R S T U V W,
ku err ess te u fau we,

Q R S T U V W,
ku err ess te u fau we,

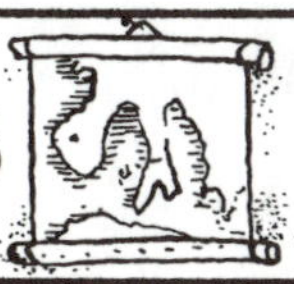

X X Y Z, o weh:
iks iks üp-si-lon tsett, o weh:

A B C
Das ist das gan-ze a be tse.

4A

1 Bettinas Stundenplan

Bettina ist 13. Sie wohnt in Ronshausen und geht in Klasse 7.

"Montag habe ich zwei Stunden Sozi. Das ist langweilig. Am Samstag habe ich zwei Stunden Mathe. Das ist auch langweilig. Aber Deutsch macht richtig Spaß!"

Stundenplan

Montag	Dienstag	Mittwoch	Donnerstag	Freitag	Samstag
Kunst	Physik	Bio	Sport	Englisch	Deutsch
"	"	Mathe	"	Physik	"
Sozi	Deutsch	Deutsch	Geschichte	Mathe	Mathe
"	Mathe	Handarbeit	"	Deutsch	"
Englisch	"	"		Religion	
Religion	Englisch				

Sozi — Sozialkunde
Mathe — Mathematik
Bio — Biologie

Deutsch	macht Spaß! / ist Spitze! / ist Klasse! / ist interessant!	Deutsch	macht keinen Spaß! / ist langweilig! / ist doof! / ist nicht interessant!

Ü1 Bettinas Stundenplan: *Montag hat sie Kunst und . . . .*

Ü2 Vergleiche deinen Stundenplan mit Bettinas Stundenplan:

Bettina hat Handarbeit. — *Ich nicht.*
Religion. — *Ich auch.*
.
.
Bettina hat 5 Stunden Mathe. — *Ich . . . .*

Ü3 *Deutsch ist Klasse!*

Mathe? Kunst?
Bio?   Handarbeit?
Sport? Religion?
Sozi?   Geschichte?
Englisch? Physik?

Schulfächer – Schulbücher – Schulsachen

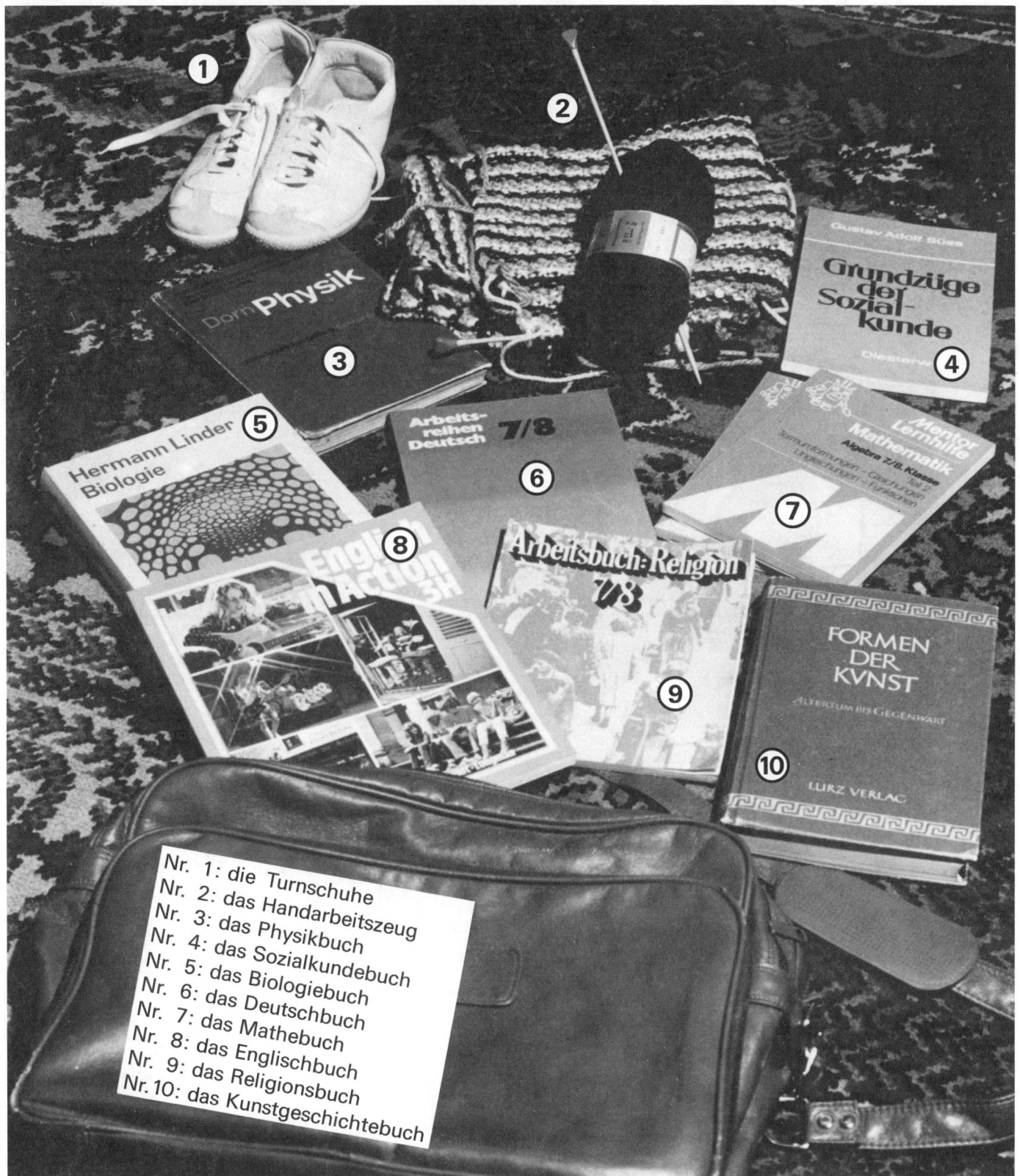

Nr. 1: die Turnschuhe
Nr. 2: das Handarbeitszeug
Nr. 3: das Physikbuch
Nr. 4: das Sozialkundebuch
Nr. 5: das Biologiebuch
Nr. 6: das Deutschbuch
Nr. 7: das Mathebuch
Nr. 8: das Englischbuch
Nr. 9: das Religionsbuch
Nr. 10: das Kunstgeschichtebuch

Ü4 **Die Tasche von Bettina**

Montag: Bettina braucht das Sozialkundebuch und das Kunstgeschichtebuch.
Dienstag: . . . . .
. . . . .

Nehmt	bitte die Hausaufgabe	heraus!
Schlagt	bitte das Buch	auf!
Bringt	bitte das Turnzeug	mit!
Schreibt	bitte den Satz	mit!

Entschuldigung, was bitte?
Entschuldigung, das verstehe ich nicht.
Entschuldigung, ich hab' kein ......
                      keine ......
                      keinen ......

4A

Ü7 Aussprache

neh|men
sa|gen
brin|gen
ver|ste|hen
Ent|schul|digung!
Haus|aufgabe
Mathema|tik

Deutsch|buch
Ge|schich|te
Ku|li
Blei|stift
Fuß|ball
At|las
Religi|on

Ü8 Intonation

Schlagt mal das Deutsch|buch auf!
Hast du einen At|las?
Hast du einen Blei|stift?
Morgen haben wir Sport.

Deutsch macht Spaß!
Keine Ah|nung!
Deutsch lernen ist lang|weilig.

Ü9

Was Lehrer und Schüler oft sagen:
○ Entschuldigung, wo ist Klasse 7a?
● Dort links!

Hast du einen Atlas? .....
Ich habe keinen Kuli.
Ich finde mein Mathebuch nicht.
Ich auch nicht.
Hast du ein Deutschheft?
Schreibt den Satz hier mit!
Ich habe keinen Stundenplan.
Hier, nimm den Bleistift!
Bring bitte den Stundenplan mit!
Nein, und du?
Entschuldigung, das verstehe ich nicht.
Schlagt bitte das Deutschheft auf!
.....

4B

1

Hauptschule Ronshausen

Schuljahr 19 82/83 2. Halbjahr

Klasse 7A

ZEUGNIS
für
Bettina Glenn

Betragen	sehr gut	Aufmerksamkeit	gut
Fleiß	sehr gut	Ordnung	gut

PFLICHTUNTERRICHT

Religion	1	Mathematik	3
Deutsch	2	Physik	2
Englisch (1. Fremdsprache)	2	Biologie	/
Gesellschaftslehre	1	Chemie	/
Geschichte	2	Polytechnik/Arbeitslehre (5./6. Klasse)	/
Erdkunde	/	Sport	1
Sozialkunde	3	Kunst	1
Handarbeit	1	Musik	/

Französisch (2. Fremdsprache)

FREIWILLIGE UNTERRICHT

(3. Fremdsprache)

Bemerkungen: Bettina ist aufmerksam...

Laut Konferenzbeschluß...

Ronshausen
Keller
Klassen...

*nicht Zutreffende...

Notenstufen...
Notenstufen für...

Schuljahr 1982/83   Klasse 7 a

ZEUGNIS
für
Frau **Petra Keller**
(Klassenlehrerin)

Erklären	3
Rechnen	4
Schreiben	5
ist freundlich	1
hilft beim Lernen	2
ist gut vorbereitet	2
ist gerecht	1
macht uns keine Angst	1

Bemerkungen:
Die Klasse 7 a ist mit Frau **Keller** sehr zufrieden. Sie darf bis zum Jahresende Klassenlehrerin bleiben.

Peter Siebert
Klassensprecher

Noten
1 = sehr gut
2 = gut
3 = befriedigend
4 = ausreichend
5 = mangelhaft
6 = ungenügend

Doofe Witze find' ich Spitze!

1. Bestimmter und unbestimmter Artikel: Nominativ und Akkusativ

Nominativ	Das	ist	**das**	Heft.	Neutrum
Akkusativ	Ich	habe	**das**	Heft.	
Nominativ	Das	ist	**die**	Tasche.	Femininum
Akkusativ	Thomas	nimmt	**die**	Tasche.	
Nominativ	Das	ist	**der**	Kuli.	Maskulinum
Akkusativ	Thomas	nimmt	**den**	Kuli.	

Nominativ	Hier	ist	**ein**	Heft.	Neutrum
Akkusativ	Danke,	ich habe	**ein**	Heft.	
Nominativ	Das	ist	**eine**	Tasche.	Femininum
Akkusativ	Danke,	ich habe	**eine**	Tasche.	
Nominativ	Hier	ist	**ein**	Kuli.	Maskulinum
Akkusativ	Ich	habe	**einen**	Kuli.	

2. ein – kein

| ein – k ein |
| eine – k eine |
| einen – k einen |

ein Buch

kein Buch

3. Satzrahmen: trennbare Verben

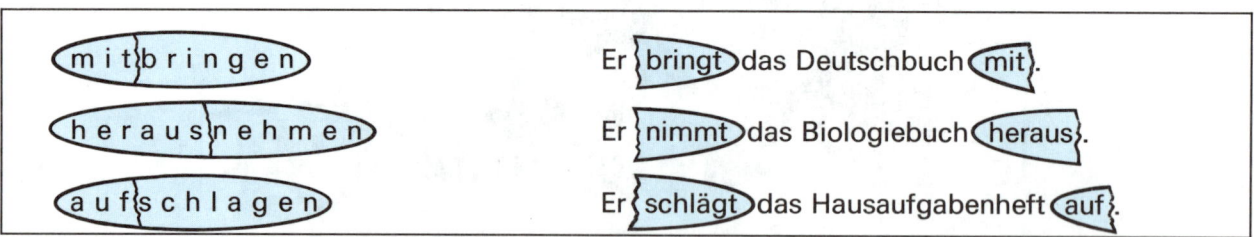

4. Konjugation: trennbare Verben

ich	nehme	..... heraus
du	nimmst	..... heraus	
er es sie	nimmt	..... heraus
wir	nehmen	..... heraus
ihr	nehmt	..... heraus
sie	nehmen	..... heraus

ich	schlage	..... auf
du	schlägst	..... auf
er es sie	schlägt	..... auf
wir	schlagen	..... auf
ihr	schlagt	..... auf
sie	schlagen	..... auf

5. Imperativ

bringe	..... mit!
nimm	..... heraus!
schlage	..... auf!
schreibe	..... mit!
bringt	..... mit!
nehmt	..... heraus!
schlagt	..... auf!
schreibt	..... mit!

Ü10 Nehmt bitte das Deutschheft heraus!

| herausnehmen
aufschlagen
mitbringen
..... | Deutschheft   Karte   Atlas   Fußball
Bleistift   Stundenplan   Turnschuhe   Tasche
Gitarre   Mathematikbuch   Kuli |

Ü11 Klaus bringt das Heft mit.

Ü12 Bitte einsetzen: kein, keine, keinen

○ Hast du ..... Kuli?
○ Ich habe ..... Deutschbuch.
○ Hast du ..... Turnschuhe?
○ Ich nehme heute ..... Buch heraus.
○ Bringst du ..... Gitarre mit?
○ Das ist ..... Klasse. Das sind
  25 Kinder.
○ Haben wir Montag ..... Deutsch?
○ Hast du ..... Freund?

● Nein, ich habe ..... .
● Wie bitte?
● Nein!
● Wie bitte?
● Nein, ich habe ..... Gitarre.
● Das verstehe ich nicht!

● Nein, Dienstag.
● Nein, ich habe eine Freundin.

5

1 Auf dem Campingplatz

Piet:	Guten Tag, Wolfgang.
Wolfgang:	Oh, hallo, Piet. Wie geht's?
Piet:	Gut, danke. Das hier ist Rita.
Wolfgang:	Tag, Rita.
Rita:	Guten Tag. Äh, wie heißt du?
Wolfgang:	Wolfgang.
Piet:	Woher kommst du?
Wolfgang:	Aus Klagenfurt.
Rita:	Wo ist das?
Wolfgang:	In Österreich.
Rita:	Wie alt bist du?
Wolfgang:	Dreizehn. Und du?
Rita:	Zwölf. Piet ist auch dreizehn.
Wolfgang:	Wohnst du in Amsterdam?
Rita:	Nein, ich wohne in Haarlem.
Wolfgang:	Geht ihr jetzt schwimmen?
Piet:	Ja, kommst du mit?
Wolfgang:	Gerne.

Ü1 Bitte Notizen machen:

Rita Piet Wolfgang	wohnt in ist aus	
Rita Piet Wolfgang	ist	
Amsterdam Haarlem Klagenfurt	ist in	

Ü2 Was sagen sie?

Ü3 Was steht auf dem Schild?

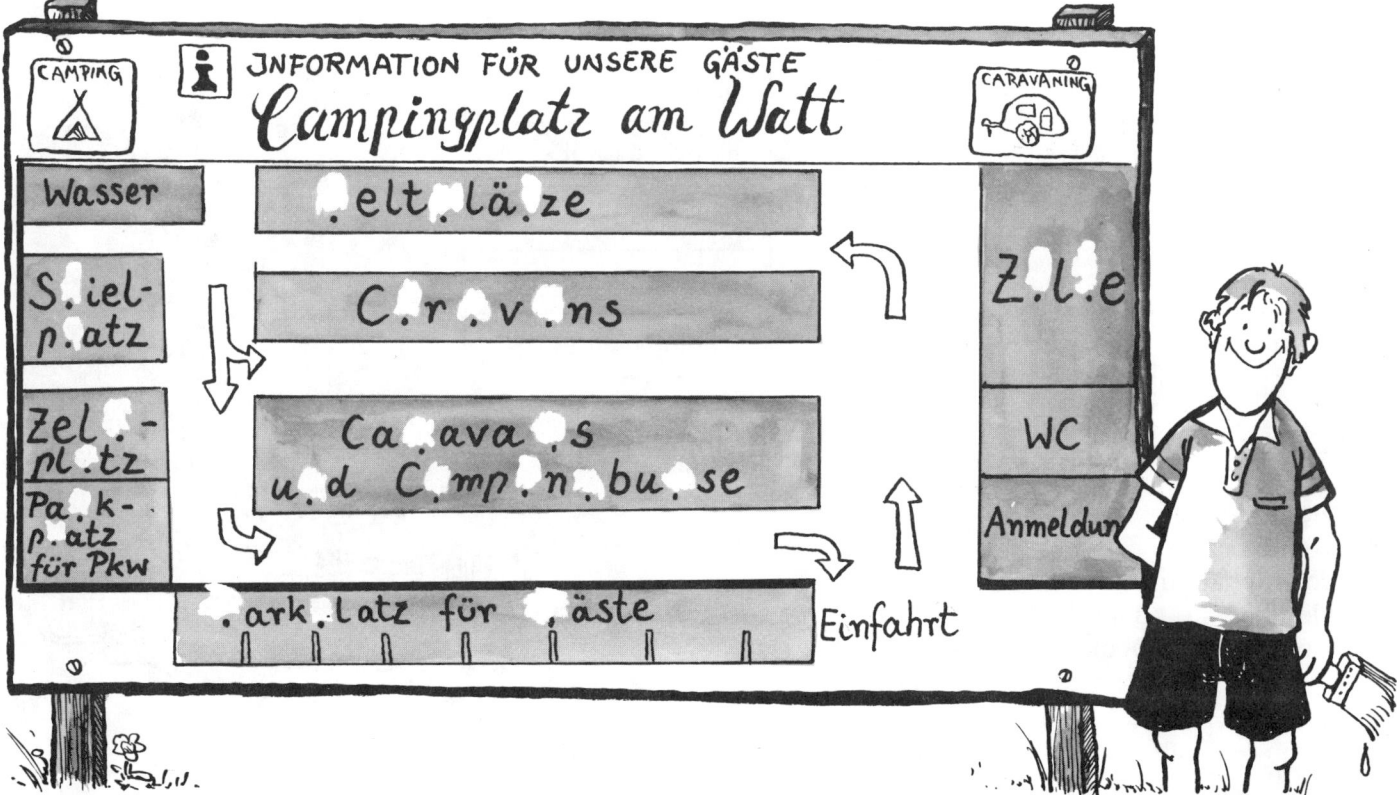

5

2

> Liebe Rita,
>
> jetzt bin ich in Klasse 9. Wir lernen jetzt Französisch. Heute ist Donnerstag. Da haben wir auch Englisch. In Englisch haben wir heute viele Hausaufgaben. Das ist blöd.
> Hast Du auch Französisch? Ich finde Französisch interessant. Sport ist Spitze! Wir haben drei Stunden Sport. Das macht Spaß. Mathe finde ich doof. Und Du?
>
> Herzliche Grüße
> Wolfgang
>
> P.S. Schreib mal!

Lieber Wolfgang,
....
....

Ü4 Was gehört zusammen?

Ich bin	in Klasse 9.
Englisch	ist interessant.
Hausaufgaben	ist Spitze.
Sport	finde ich doof.
Französisch	ist langweilig.

Ü5 Mache ein Interview. Frage deine Mitschüler:

- Wie heißt du?
- Wie alt bist du?
- Wo wohnst du?
- Wie findest du deinen Lehrer?
- Wie findest du Deutsch? Englisch? Mathe? .....
- .....

"So ein Mist!"

Spielregeln

Ihr habt 3 Würfel. Jeder würfelt, sooft er will, und addiert die Punkte.
Aber es darf *keine Eins* dabeisein, sonst bekommt man keine Punkte!

Wer eine Eins würfelt, sagt: "So ein Mist!" und gibt die Würfel weiter.

Wer als erster Spieler 200 Punkte hat, ist Sieger!

5

4 Was sagen die Leute?

6A

1

 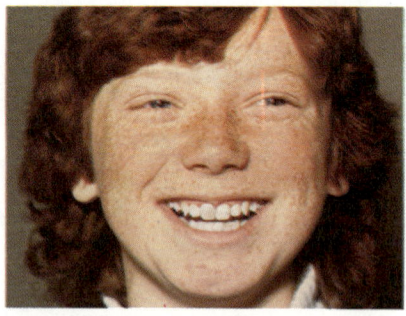 

① **Dieter Goedecke**
Alter: 15 Jahre
Größe: 1,72 m
Haare: braun
Augen: blau
Geschwister: 1 Bruder, 1 Schwester
Hobbys: Musik hören
Lieblingsfächer: Sport, Englisch

② **Petra Beikirch**
Alter: 14 Jahre
Größe: 1,65 m
Haare: rotbraun
Augen: hellblau
Geschwister: 1 Bruder
Hobbys: Reiten, Gitarre spielen
Lieblingsfächer: Deutsch, Musik, Sport

③ **Ertürk Hassan**
Alter: 15 Jahre
Größe: 1,58 m
Haare: schwarz
Augen: braun
Geschwister: 2 Brüder, 1 Schwester
Hobbys: Fußball spielen
Lieblingsfächer: Sport, Technik

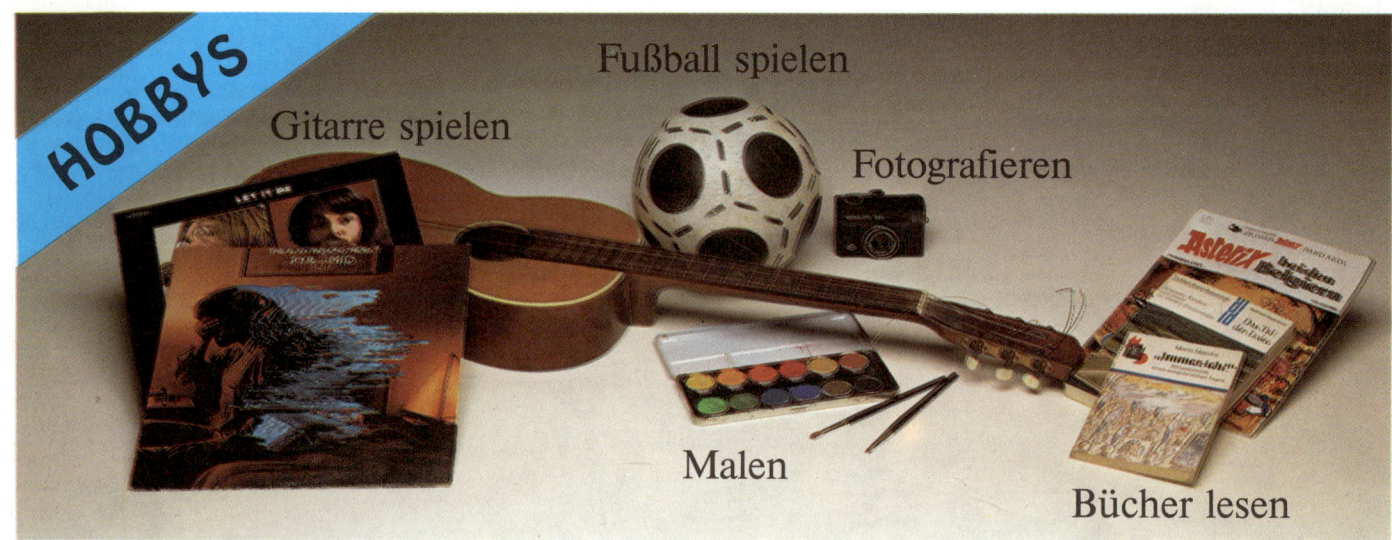

HOBBYS — Gitarre spielen — Fußball spielen — Fotografieren — Malen — Bücher lesen

Er/Sie heißt .....
Er/Sie ist ..... (Jahre alt).
Er/Sie ist einen Meter ..... groß. Er/Sie ist eins ......
Seine/Ihre Haare sind ...... Er/Sie hat ..... Haare.
Seine/Ihre Augen sind ...... Er/Sie hat ..... Augen.
Er/Sie hat ..... Bruder/Schwester/Brüder/Schwestern/Geschwister.
Sein/Ihr Hobby ist ...... Seine/Ihre Hobbys sind ......
Sein/Ihr Lieblingsfach ist ...... Seine/Ihre Lieblingsfächer sind ......

Ü1 Bitte beschreiben:
Personen ① – ⑥.

①, das ist Dieter Goedecke. Er ist .....

Ü2 Und du?
Name, Alter, Größe, Haare, Augen, Geschwister, Hobbys, Lieblingsfächer .....?

Ü3 Bitte beschreiben:
deinen Freund, deine Freundin;
deinen Lehrer, deine Lehrerin;
deinen Bruder, deine Schwester
oder deinen Vater, deine Mutter.

④ **Bettina Tscholl**
Alter: 14 Jahre
Größe: 1,64 m
Haare: dunkelbraun
Augen: blaugrün
Geschwister: 1 Bruder,
    1 Schwester
Hobbys: Lesen
Lieblingsfächer: Deutsch, Englisch

⑤ **Marc Leis**
Alter: 14 Jahre
Größe: 1,58 m
Haare: braun
Augen: graublau
Geschwister: 1 Schwester
Hobbys: Briefmarken sammeln,
    Platten hören, Fußball spielen
Lieblingsfächer: Kunst, Mathematik

⑥ **Claudia Schmidt**
Alter: 16 Jahre
Größe: 1,70 m
Haare: blond
Augen: grün
Geschwister: 1 Schwester
Hobbys: Malen, Fotografieren
Lieblingsfächer: Kunst, Erdkunde,
    Sozialkunde

Briefmarken sammeln — Reiten — Musik machen — Platten/Musik hören

Dieter	hat	Sport	gern.
	hat	Mathematik	nicht gern.
	mag	Sport	ganz besonders.
	mag	Mathematik	überhaupt nicht.
	findet	Sport	Klasse.
			Spitze.
			stark.
	findet	Mathematik	blöd.
			doof.
			langweilig.
Dieter	interessiert sich sehr für	Musik.	
	interessiert sich nicht für	Sozialkunde.	

Ü 4 Und Petra? Marc? Claudia? Ertürk? Bettina?

6A

Ü5 Wer ist 15? – *Dieter und Ertürk sind 15.*

Wer ist 14? – .....
.....? – .....
Wer ist 1,64? – *Bettina ist einsvierundsechzig.*
Wer ist 1,72? – .....
Wer ist 1,70? – .....
Wer ist 1,58? – ..... und .....
..... 1,65? – .....

Ü6 Wer ist das?

Seine Augen sind braun. – *Ertürk.*
Ihre Haare sind rotbraun. – .....
Seine Augen sind hellblau. – .....
Ihre Augen sind blaugrün. – .....
Ihre Haare sind blond. – .....
Seine Haare sind braun. – ..... und .....
Er hat einen Bruder und eine Schwester. – .....

Ü7 Hobbys

Wer hört gern Musik? – *Dieter und Marc.*
Wer sammelt Briefmarken? – .....
Wer spielt gern Fußball? – .....
Wer fotografiert gern? – .....
Wer interessiert sich für Malen? – .....

Wer spielt Gitarre? – .....
Wer findet Bücher Klasse? – .....
Wer mag Platten? – .....
.....

Ü8 Und du?

Was findest du	Klasse? doof? interessant? ....

–

Ich finde .....
Ich interessiere mich (nicht) für .....
Ich mag ..... gern.
Ich mag ..... überhaupt nicht.
Ich habe ..... (nicht) gern.

Ü9 Fragen zu Rocky

Name: Rocky
Alter: 99 Jahre
Größe: 1,24 m
Haare: schwarz
Augen: grün
Geschwister: 1 Schwester, 1 Bruder
Hobbys: Musik (Radio hören), Malen
Lieblingsfächer: Marsografie

Wie heißt er? – .....
Wie ..... ist .....? – .....
.....? – .....
Sind seine Haare .....? – .....!
.....? – .....
Wie viele .....? – .....
.....? – .....
.....? – .....

Farben

Ü 10 In deiner Klasse:

Was ist blau   schwarz
        orange   weiß
        gelb   grün
        braun   rot

Die Rakete ist blau.
Mein Vater ist rot.
Der Himmel ist weiß.
Die Wolke ist grün.
Der Mond ist gelb.
Die Bäume sind orange.

6A

3 Sportarten

Rocky findet Schwimmen gut.
　　　　Radfahren besser.
　　　　Schifahren am besten.

Rocky hat Schifahren gern.
　　　　Tanzen lieber.
　　　　Fußball am liebsten.

Tischtennis　Radfahren　Rollschuhlaufen　Tanzen　Judo　Fußball　Schwimmen　Basketball

Ü11 Was ist was?

Nummer 1 ist Schifahren
Nummer 2 .....
Nummer .....
.....

6A

Ü12

Welche Sportarten hat | Petra | gern?
| Marc | am liebsten?
| Claudia
| Ertürk
| Bettina
| Dieter

Ü13

Welche Sportart findest du | gut/besser/am besten?
| blöd/doof/langweilig?

Ü14 Piktogramme – Olympische Spiele: Was ist was?

- Basketball
- Bogenschießen
- Boxen
- Fußball
- Handball
- Hockey
- Judo
- Leichtathletik/Laufen
- Radfahren
- Reiten
- Ringen
- Volleyball

Nr. 1 ist Volleyball.

Ü15 Welche Sportarten sind in deinem Land besonders populär?

Ü16 Interview in deiner Klasse:

NAME	HOBBY 1	HOBBY 2	HOBBY 3
Jellaus	Radfahren gern	Schilaufen lieber	Fußball am liebsten

55

6B

1 Was ich besonders gern habe

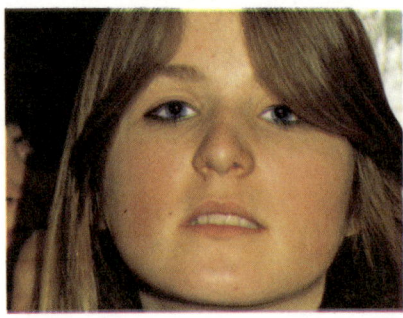

Name: Jutta Mattheus
Alter: 15 J., Größe: 172 cm
Haare: blond, Augen: blau
Geschwister: 1 Bruder
Hobbys: Tennis
Lieblingsfächer: Musik

Was ich besonders lieb habe?

– Meine Tiere, meinen Freund, meinen Bruder. Meinen Hund, der Taiger heißt, liebe ich ganz besonders. Besonders lieb habe ich auch, wenn mein Freund zu mir lieb ist.

Taiger

Ü17 Erzähle von Jutta:

Wie alt ist sie? Wie groß ist sie? Ihre Haare? Ihre Augen?
Was hat sie gern?   + Tennis, Musik
                     ++ Hund Taiger
                      + Bruder
                     ++ Freund

2 Was ich besonders mag: Tischtennis

Name: Jörg Trachte
Alter: 15 J., Größe: 176 cm
Haare: blond, Augen: grün
Geschwister: 1 Bruder
Hobbys: Tischtennis, Radfahren
Lieblingsfächer: Sp, E

Am liebsten immer Tischtennis

Mein Lieblingssport ist Tischtennis. Seit zwei Jahren spiele ich in einem Tischtennis-Verein in der Jugendmannschaft. Radfahren, Volleyballspielen und Musik hören finde ich auch gut. Aber am liebsten würde ich in meiner Freizeit nur Tischtennis spielen. Das kann ich aber leider nicht, weil wir zu Hause keinen Platz für eine Tischtennisplatte haben.

Ü18 Erzähle von Jörg:

Wie alt ist er? Wie groß ist er? Seine Haare? Seine Augen?
Was mag er besonders?   + Radfahren
                          + Volleyballspielen
                          + Musik hören
                          + Englisch
                        +++ Tischtennis

1. Adjektive im Satz

Sie ist groß.

Er ist nicht groß.

Sie ist sehr interessant.

Er ist nicht langweilig.

Sie sind gut!

Sie sind Klasse!

Sie sind Spitze!!

2. Steigerung

Was hast du gern?	Was findest du gut?
Was hast du lieber?	Was findest du besser?
Was hast du am liebsten?	Was findest du am besten?

3. sich für etwas interessieren

Ich	interessier e	mich	für Briefmarken.
Du	interessier st	dich	für Fußball.
Er	interessier t	sich	für Judo.
Sie	interessier t	sich	für Reiten.

Wir	interessier en	uns	für Rudern.
Ihr	interessier t	euch	für Boxen.
Sie	interessier en	sich	für Hockey.

Ü 19 Fragen: Wer?, Was?, Wo?, Woher?, Wie?

Wer ist das?
Wie alt bist du?
Wie findest du Fußball?
Wo ist bitte die Toilette?
Woher kommst du?
Wie heißt das auf deutsch?
Wo wohnst du?
Was ist das?
Wie ist er/sie/das?
Wie heißt du?

Ü 20

Interessierst du dich für Briefmarken? – Ja, sehr.
                               Radfahren? – Nein.
                               Tanzen? – Ich weiß nicht.
                               Lesen? – Nein, ich interessiere mich für . . . . .
                               Fotografieren? – . . . . .
. . . . . – . . . . .

7A

1 Verabredungen

ÖFFNUNGSZEITEN

SCHWIMMBAD			WARMBAD	29° C
DIENSTAG	8.00 – 11.00	14.00 – 21.30	NORMAL	26° C
MITTWOCH	9.00 – 11.00	14.00 – 18.00		
DONNERSTAG	10.00 – 12.00	14.00 – 17.30		
FREITAG	7.00 – 11.00	15.00 – 17.00		
SAMSTAG	8.00 –	15.00		

 ① ○ Wann gehen wir schwimmen?
● Am Mittwoch?
○ Um drei?
● Nein, das geht nicht.
○ Um vier?
● Gut, einverstanden.

② ○ Kommst du am Freitag?
● Das geht nicht.
○ Warum nicht?
● Ich spiele Fußball.
○ Und am Donnerstag?
● Ja, das geht.

③ ○ Gehen wir am Samstag?
● O.K. Wann?
○ Um zwei?
● Nein, am Nachmittag kann ich nicht.
○ Wann kannst du denn?
● Um neun oder zehn.
○ Schade, da geht's nicht.
● Und am Freitag? Um zehn?
○ Prima, das geht.
● Tschüs bis Freitag!
○ Tschüs!

?	–	+
Kommst du am Freitag?	Nein.	Gut, einverstanden.
Am Mittwoch?	Nein, das geht nicht.	Ja, das geht.
Um vier?	Schade, da geht's nicht.	Prima, das geht.
Wann?		O.K.

Ü3
○ Kannst du am Sonntag?
● Nein.
○ Warum nicht?
● Ich spiele Fußball.

7A

2 Die Uhrzeit

Es ist ein Uhr. / Es ist eins.
Es ist zwei Uhr. / Es ist zwei.
Es ist drei Uhr. / Es ist drei.

Es ist halb sechs.
Es ist halb sieben.
Es ist halb acht.

Es ist zehn (Uhr).   ..... Viertel nach zehn.   ..... halb elf.   .....Viertel vor elf.   ..... Viertel nach elf.

fünf Uhr zweiunddreißig   zwölf Uhr drei   null Uhr siebzehn   acht Uhr zweiunddreißig

①

○ Wie spät ist es, bitte?   ● Es ist drei nach neun.

②
○ Wann kommst du?
● Ich komme um ein Uhr.

Wie spät ist es, bitte?	– (Es ist) eins.
	(Es ist) zwei Uhr.
	(Es ist) halb sechs.
	Viertel vor/nach elf.
	(Es ist) null Uhr siebzehn.
Wann kommst du (an)?	– Ich komme um acht Uhr (an).
	drei vor elf (an).
	22 Uhr 1 (an).

Ü4 Am Telefon

○ Wann kommst du (an)?
● Ich komme um acht Uhr siebenundfünfzig (an).

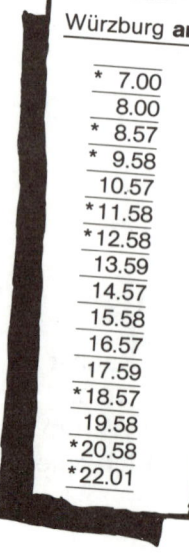

Würzburg **an**
* 7.00
  8.00
* 8.57
* 9.58
  10.57
*11.58
*12.58
  13.59
  14.57
  15.58
  16.57
  17.59
*18.57
  19.58
*20.58
*22.01

7A

Renates Wochenplan

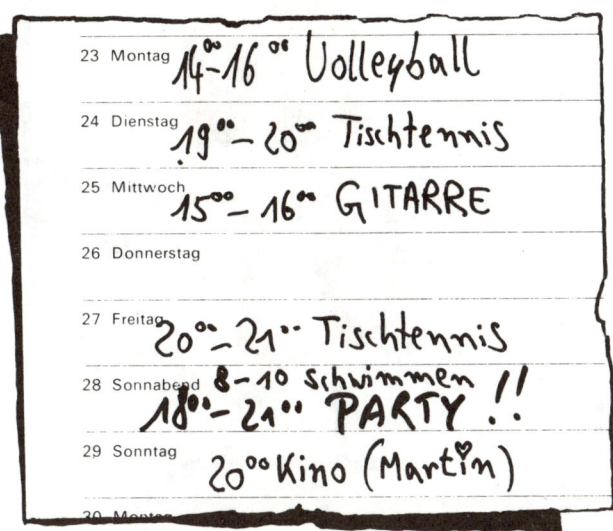

① ○ Wann hast du Volleyball?
● Am Nachmittag.
○ Wie lange spielst du?
● Zwei Stunden. Von zwei bis vier.

② ○ Ich gehe am Samstag auf die Party.
● Wie lange dauert die?
○ Drei Stunden. Von sechs bis neun.

③ ○ Wie oft spielst du Volleyball?
● Einmal in der Woche.
○ Wie oft spielst du Tischtennis?
● Zweimal in der Woche. Am Dienstag und Freitag.

Wann hast du Volleyball? – Am	Morgen. Vormittag. Mittag. Nachmittag. Abend.	Montag. Dienstag. Mittwoch. Donnerstag. Freitag. Samstag. Sonntag.
Wie lange spielst du?	– Zwei Stunden. Von zwei bis vier.	
Wie oft spielst du?	– Einmal./Zweimal./..... Selten. Manchmal. Oft.	

Ü5

○ Wann hast du Mathe?/.....
● Am ..... und am ......

Ü6

○ Wie oft hast du Englisch?
● Dreimal in der Woche. Am ..... und am ......

Ü7

○ Ich gehe jetzt *Tischtennis spielen.*
● Wie lange dauert das?
○ *Zwei Stunden.* Von ..... bis ......

Fußball spielen	– drei Stunden
Basketball spielen	– eine halbe Stunde
Rollschuh laufen	– zweieinhalb Stunden
radfahren	– eine Stunde
Gitarre spielen	– zehn Minuten
Flöte spielen	– eine Stunde

7B

Er steht oben.
Er hüpft. Er übt. Er springt.
Er fliegt. . . . . .

7B

2

Was tut weh?
Was ist kaputt?
Was ist gebrochen?

das Auge	– ein Auge	– zwei Augen
das Ohr	– ein Ohr	– zwei Ohren
das Kinn	– ein Kinn	
der Mund	– ein Mund	
die Nase	– eine Nase	

das Gesicht – ein Gesicht

der Arm	– ein Arm	– zwei Arme
die Hand	– eine Hand	– zwei Hände
das Bein	– ein Bein	– zwei Beine
das Knie	– ein Knie	– zwei Knie
der Fuß	– ein Fuß	– zwei Füße

der Kopf	– ein Kopf	
der Hals	– ein Hals	
die Schulter	– eine Schulter	– zwei Schultern
die Brust		
der Bauch	– ein Bauch	
der Finger	– ein Finger	– zehn Finger
die Zehe	– eine Zehe	– zehn Zehen

7B

3

Jutta Mattheus (15)
Mein Freund und ich

Mein Freund heißt Michael, er ist 17 Jahre alt. Ich kenne ihn schon seit Jahren.

Wenn die Clique* bei mir zu Hause ist, hören wir auch viel Musik. Um 19 Uhr müssen sie aber spätestens aus dem Haus sein, weil dann meine Eltern kommen.

Abends besuche ich gern meinen Freund. Samstags muß ich um halb zwölf spätestens zu Hause sein. Sonst aber schon um Viertel nach neun.

Mein Bruder ist 20 Jahre alt. Wir unternehmen* viel, fahren mit seinem Motorrad weg. Am Wochenende fahren wir ins Grüne* oder in die Diskothek.

Wochentags kann ich mit meinem Bruder leider nichts unternehmen.

Dreimal in der Woche habe ich Training.

In meiner restlichen Freizeit trinke ich mit meiner Clique Tee. Fast täglich kommen sie zu mir nach Hause.

Zweimal in der Woche gehe ich zu meinen Eltern ins Geschäft putzen.

Im Monat verdiene ich etwa 200 Mark. Der Job gefällt mir gut. Von dem Geld kaufe ich mir Klamotten*, Jeans oder Pullover.

* *Clique* = Gruppe von Freunden
* *unternehmen* = machen, tun
* *ins Grüne* = in die Natur
* *Klamotten* = Kleider

Ü8 Was gehört zusammen?

Mein Freund ist	seit Jahren.
Ich kenne ihn	verdiene ich 200 Mark.
Um 19 Uhr	gehe ich zu meinen Eltern ins Geschäft.
Abends	17 Jahre alt.
Samstags muß ich	besuche ich meinen Freund.
In der Woche muß ich	müssen sie aus dem Haus sein.
Am Wochenende	um 9 Uhr 15 zu Hause sein.
In der Woche	fahren wir ins Grüne.
Dreimal in der Woche	kann ich mit meinem Bruder nichts unternehmen.
Zweimal in der Woche	um halb zwölf zu Hause sein.
Im Monat	habe ich Training.

7B

Ü9 Interview mit Jutta:

Ü10 Wie ist es bei dir?

– Wie oft machst du Sport? | Selten? / Manchmal? / Oft? Einmal im Monat/ in der Woche?

– Wann mußt du zu Hause sein? | Um 18 Uhr? Um 19 Uhr? Um 20 Uhr? Samstags?

– Was machst du am Wochenende?

– Was machst du in deiner Freizeit?

– Was ist mit Geld?

– Wie oft ist dein Freund/ deine Freundin bei dir? | Jeden Tag? Zweimal in der Woche? Am Samstag?

7C

1. Personalpronomen: Akkusativ

Jutta, wie lange kennst du deinen Freund Michael?	– Ich kenne ihn seit Jahren.
Jutta, hast du das Training gern?	– Ja, ich habe es sehr gern.
Jutta, wann siehst du die Clique?	– Ich sehe sie oft bei mir zu Hause.
Jutta, magst du deine Eltern?	– Ja, ich mag sie sehr gern.

2. Fragen nach der Zeit: wann?, wie lange?, wie oft?

a) Zeitpunkt: Wann?	– Am Montag. / Am Vormittag. / Um 8 Uhr 23. / Um halb zehn.
b) Zeitdauer: Wie lange?	– Von drei bis sechs (Uhr). / Drei Stunden.
c) Zeitwiederholung: Wie oft?	– Einmal/Zweimal ..... in der Woche.

8A

1 Unterwegs

- Ja, aus Unna. Das liegt bei Dortmund. Ihr sprecht Deutsch?
- Ich will weiter nach Süden.
- Nach Süden, ans Meer. – Wo geht's denn hier zur Autobahn?
- Danke.
- Seit zwei Wochen.
- Ja, das geht besser. Wir sind fünf Freunde. Wir treffen uns am Meer.
- Vielen Dank! Tschüs!

○ Woher kommst du? Aus Deutschland?

○ Ja. Wohin willst du? Zeig mal die Karte!

○ W o h i n bitte?

○ Hier geradeaus und dann die – Moment – vierte Straße links.

○ Wie lange bist du schon unterwegs?

○ Trampst du allein?

○ Toll! Übrigens: "Wie komme ich zur Autobahn?" heißt ......

Woher kommst du? – (Ich bin) aus ..... Das liegt bei/in		
Wohin willst du? – (Ich will) nach		
Seit wann Wie lange	bist du schon unterwegs? – Seit	..... Tagen/Wochen. dem zweiten Juli.

8A

Ü1

● Woher kommst du?
○ Aus Frankfurt.
● Wohin willst du?
○ Nach Marseille.
● Wie lange bist du schon unterwegs?
○ Seit zwei Tagen.

WOHER?	WOHIN?	WIE LANGE?
Frankfurt	Marseille	seit 2 Tagen
Buxtehude	Athen	4 Wochen
Düsseldorf	Barcelona	10 Tagen
Augsburg	Stockholm	14 Tagen
Dortmund	Amsterdam	15 Stunden
Göttingen	Verona	7 Wochen
Traunstein		24 Stunden
.....	Istanbul	.....

Ü2 Wörter und Ausdrücke in deiner Sprache für Touristen aus Deutschland: Was ist wichtig?

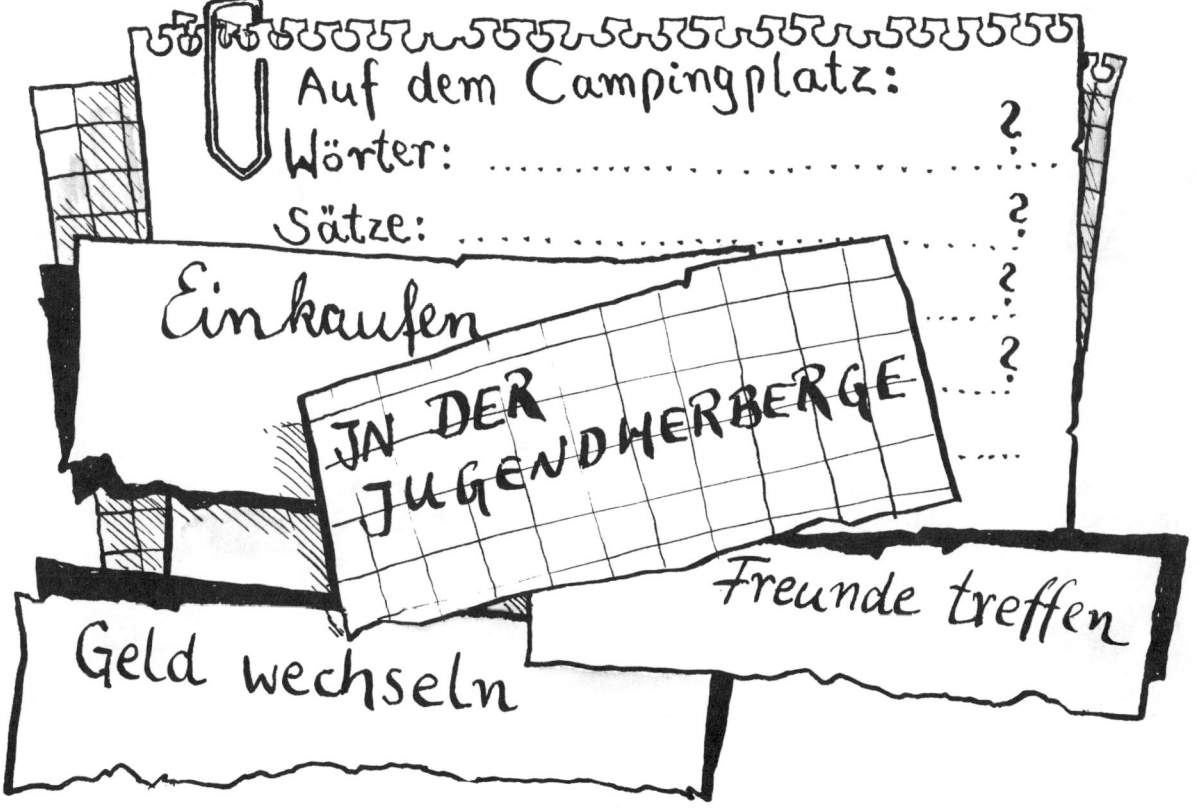

Auf dem Campingplatz:
Wörter: .... ?
Sätze: .... ?
Einkaufen ?
IN DER JUGENDHERBERGE ?
Geld wechseln
Freunde treffen

8A

2 Orientierung in der Stadt

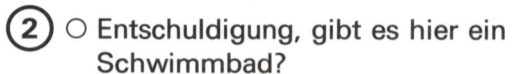

1 ○ Entschuldigung, wie komme ich zur Bushaltestelle?

● Also hier geradeaus, und dann nach links über den Rathausplatz. Dann etwa 200 Meter geradeaus, die Schulstraße entlang. Die Bushaltestelle ist direkt neben der Schule.

○ Danke, vielen Dank!

2 ○ Entschuldigung, gibt es hier ein Schwimmbad?

● Tut mir leid, ich bin nicht von hier.

● Ein Schwimmbad? Ja, Moment: Da gehst du hier die Kaiserstraße geradeaus bis zum Waldweg, dann rechts. Die erste links ist die Badstraße. Das Schwimmbad ist gleich links an der Ecke.

geradeaus

nach links

nach rechts

8A

Ü3

○ Entschuldigung, gibt es hier ein Jugendzentrum?
● Ein Jugendzentrum? Ja, du gehst hier .....

○ Entschuldigung, wie komme ich zur Touristen-Information?
● Zur Tourist-Info? Die ist am Rathaus. Also zuerst .....

○ Entschuldigung, wo ist das nächste Kaufhaus?
● .....

○ Entschuldigung, wo ist bitte die Goethe-Schule?
● .....
○ .....

Ü4 Entschuldigung, wie komme ich .....

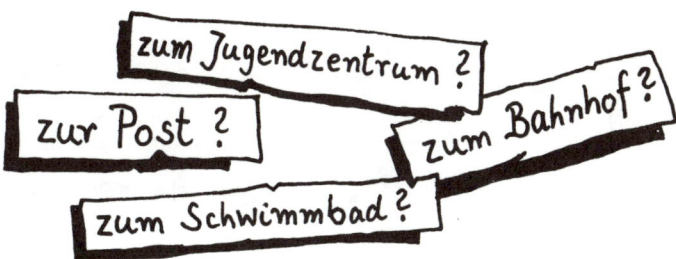

Ü5 Entschuldigung, wo ist bitte .....

Ü6 Auskunft auf der Straße:

Du bist fremd in der Stadt.
Du fragst nach dem Bahnhof: .....
       nach der nächsten Telefonzelle: .....
       nach der Polizei: .....
       nach einer Bank: .....
       nach dem Rathaus: .....
       nach einer Tankstelle: .....
       .....

Ü7 Fragen und Antworten:

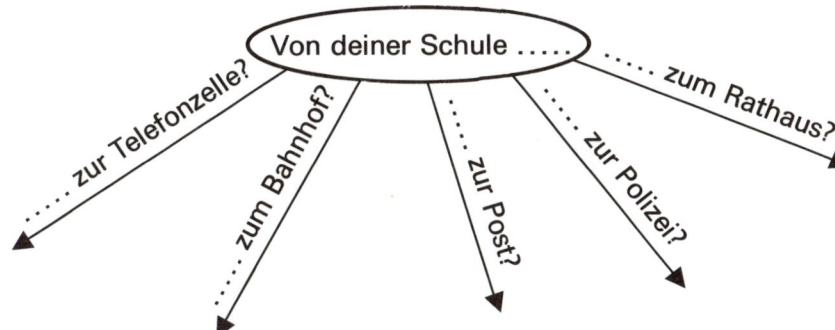

Hier geradeaus und...

8B

1 Statt Trampen: Billig mit der Bahn reisen!

● **Tramper-Monats-Ticket**

Ein „Tramper-Monats-Ticket" ist ein tolles Angebot der Bundesbahn für reiselustige junge Leute: Mit diesem Ticket können Jugendliche bis 22 Jahre, Schüler und Studenten bis zum vollendeten 26. Lebensjahr einen ganzen Monat lang kreuz und quer durch die Bundesrepublik fahren, so oft und so viel sie wollen. Für 225 Mark.

● **Inter-Rail**

Für die großen Ferien in Europa gedacht ist das „Inter-Rail-Ticket". Es kostet 440 Mark. Mit diesem Ticket zahlen Jugendliche bis unter 26 Jahren innerhalb der Bundesrepublik nur noch den halben Normalpreis für Bahnfahrten, in 19 weiteren europäischen Ländern und in Marokko aber gar nichts mehr – einen ganzen Monat lang und ohne Kilometerbegrenzung! Ein Tip: Wer mit diesem Ticket nachts fährt und im Zug schläft, spart auch noch manche Übernachtung.

● **Junior-Paß**

Der „Junior-Paß" ist für Jugendliche von 12–22 Jahren, ferner für Schüler und Studenten bis zum vollendeten 26. Lebensjahr gedacht, und ist eine günstige Sache für Leute, die das ganze Jahr über viel auf Tour gehen. Der „Junior-Paß" gilt deshalb ein Jahr lang und kostet 100 Mark. Dafür erhält man 50 Prozent Ermäßigung des gewöhnlichen Fahrpreises für 1. und 2. Klasse und für Fahrten ab 51 km. Dazu noch ein wichtiger Hinweis: Der „Junior-Paß" kann auch von anderen Leuten gekauft und an Junioren verschenkt werden. Das wäre doch mal eine Anregung für ein Geburtstagsgeschenk!

Ü8 Gibt es diese Tickets auch in deinem Land?

Ü9 Was gehört zusammen?

Mit dem "Tramper-Monats-Ticket" reisen junge Leute	Er gilt ein Jahr und kostet 100 DM.
Der "Junior-Paß" ist für Jugendliche von 12 bis 22 Jahren.	in 19 europäischen Ländern und in Marokko gar nichts.
Du kannst den "Junior-Paß"	Übernachtungen sparen.
Das "Inter-Rail-Ticket"	bekommen Jugendliche 50% Ermäßigung.
Mit dem "Inter-Rail-Ticket" nachts fahren heißt:	auch verschenken!
Mit "Inter-Rail-Tickets" zahlen deutsche Jugendliche innerhalb der Bundesrepublik den halben Preis,	für 225 DM einen Monat lang durch die Bundesrepublik.
Mit dem "Junior-Paß"	kostet 440 DM und gilt einen Monat.

Ü10 Diskussion: Trampen oder Bahnfahren?

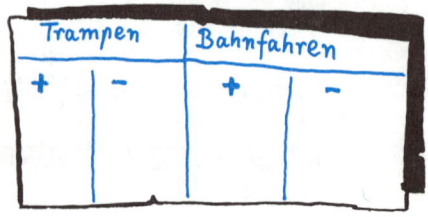

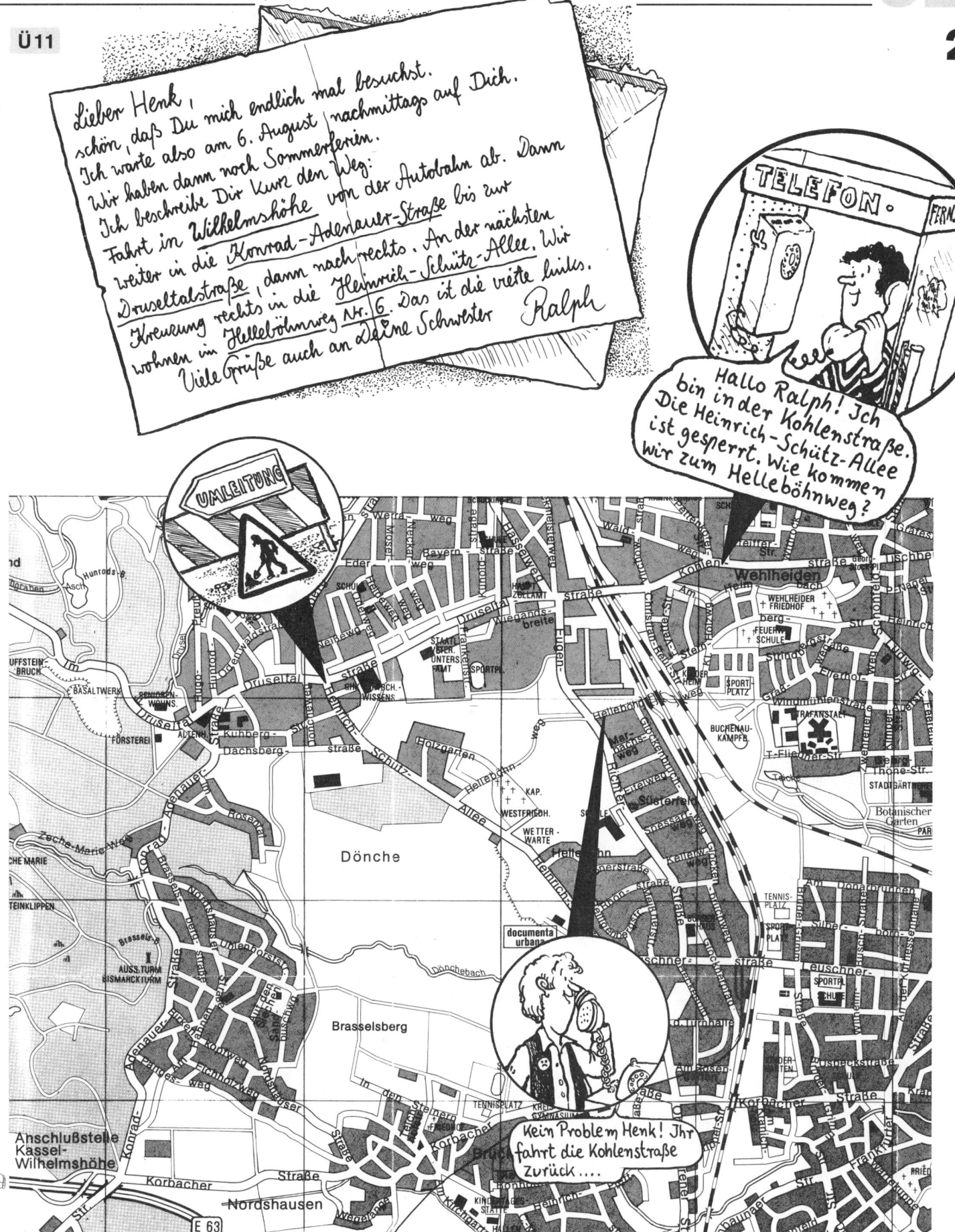

1. Ortspräpositionen mit Dativ

a) zum, zur

der	Bahnhof		zum	Bahnhof?
das	Jugendzentrum	Entschuldigung, wie komme ich	zum	Jugendzentrum?
die	Bank		zur	Bank?

zu dem   Bahnhof/Jugendzentrum ⟶ **zum** Bahnhof/Jugendzentrum
zu der   Bank ⟶ **zur** Bank

b) im, am, beim

		der Rathausplatz	das Kaufhaus	die Ringstraße
	ein Briefkasten?	neben dem Rathausplatz	dem Kaufhaus	der Ringstraße
Entschuldigung,	das Jugendzentrum?	auf dem Rathausplatz	dem Kaufhaus	der Ringstraße
wo ist hier	eine Uhr?	in ---	---	der Ringstraße
	eine Telefonzelle?	bei ---	---	der Ringstraße
		an ---	---	der Ringstraße
		im ---	Kaufhaus	--
		beim Rathausplatz	Kaufhaus	--
		am Rathausplatz	Kaufhaus	--

in dem ⟶ **im**   bei dem ⟶ **beim**   an dem ⟶ **am**

2. Ordnungszahlen und Datum

eins	am ersten	⚠	sechzehn	am sechzehn-**t**-en
zwei	zwei-**t**-en		siebzehn	siebzehn-**t**-en
drei	dritten	⚠	.....	.....
vier	vier-**t**-en		zwanzig	zwanzig-**st**-en
fünf	fünf-**t**-en		einundzwanzig	einundzwanzig-**st**-en
sechs	sechs-**t**-en		.....	.....
sieben	sieb-**t**-en	⚠	dreißig	dreißig-**st**-en
acht	acht---en	⚠	vierzig	vierzig-**st**-en
.....	.....		.....	.....

8C

Ü12 Hermann auf dem Weg nach Süden. Sein Terminplan:

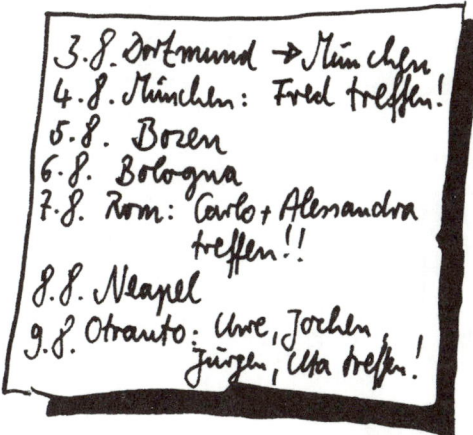

Am 3.8. trampt er von Dortmund nach München.
Am ..... ist er in ......
Am ..... trifft er ..... in ......
.....

Ü13 In der Stadt (S. 68): Was ist wo?

Polizei	in	Schule
Briefkasten		Kaufhaus
Tourist-Info	auf	Rathausplatz
Telefonzelle		Badstraße
Bank	neben	Bahnhof
Bushaltestelle		Rathaus
Schwimmbad	an	Schulstraße
Post		Bahnhofstraße

Die Post ist am Bahnhof. Das Schwimmbad ...

Ü14 Entschuldigung, wie komme ich  Bahnhof / Rathaus / Schule
Bushaltestelle / Kino / Stadion
Marktstraße / Rathausplatz
Schwimmbad / Post **?**

Ü15 Leseübung

HARRY BELAFONTE
20.11. Wiesbaden; 22.11. Köln; 24.11. Hamburg; 25.11. Hamburg; 26.11. Hamburg; 27.11. Hamburg; 29.11. Kiel; 30.11. Bremen; 2.12. Münster; 3.12. Düsseldorf

Harry Belafonte ist am ..... in ......
am ..... in ......
......

KRAFTWERK
23.11. Mannheim; 24.11. Dortmund; 25.11. Braunschweig; 26.11. Kassel; 28.11. Würzburg; 29.11. Nürnberg; 30.11. Mainz; 1.12. Karlsruhe; 2.12. Stuttgart/Böblingen; 3.12. Köln (Tournee läuft weiter)

Die Gruppe "Kraftwerk" ist am ..... in ......
am ..... in ......
......

KINKS
1.12. Hamburg; 2.12. Berlin; 3.12. Köln; 4.12. Düsseldorf; 6.12. Stuttgart; 7.12. München; 9.12. Mannheim; 10.12. Frankfurt

Die "Kinks" sind am ..... in ......
am ..... in ......
......

Ü16 Frage deine Klassenkameraden: "Wann hast du Geburtstag?"

9A

1 "Kann ich mal dein Mofa haben?"

○ Klaus, kann ich mal dein Mofa haben?

● Was willst du denn machen, Norbert?

○ Ich will mal schnell zu Gabi.
  In zehn Minuten bin ich zurück.

● Kannst du denn fahren?

○ Natürlich!

● Du bist doch erst vierzehn.
  Du darfst doch noch gar nicht fahren!

○ Ich muß aber zu Gabi, meine Schultasche holen!

● Nimm doch das Fahrrad!

○ Das dauert zu lange.

● Tut mir leid, es geht nicht.

○ Na gut, dann nehme ich eben das Fahrrad.

○ Das finde ich wirklich blöd von dir!

Kann ich mal dein Mofa haben?	Was willst du denn machen?
Ich will zu Gabi (fahren).	Kannst du denn fahren?
Ich muß zu Gabi (fahren).	Du darfst doch noch gar nicht fahren!
Ich muß meine Schultasche holen!	Nimm doch das Fahrrad!

9A

Ü1 Was ist richtig, was ist falsch?

Norbert will Gabi das Mofa mitbringen.
Norbert kann nicht fahren.
Norbert ist noch nicht 15.
Klaus will Norbert das Mofa nicht geben.
Norbert muß die Schultasche holen.

	r	f
		✗

Ü2 ○ Hartmut, kann ich mal *deine Matheaufgaben* haben?

● Kannst du sie nicht allein machen?

○ Ich hab' keine Zeit.

● Warum nicht?

○ Ich muß *Fußball spielen*.

● Ist gut, aber sag's niemand.

● Es geht nicht, ich darf sie dir nicht geben.

○ Danke, das ist prima!

○ Blödmann, bist du immer so?

C1,2

| deine Matheaufgaben / Fußball spielen | deine Englischaufgaben / Hockey spielen | dein Deutschheft / schwimmen gehen | .... |

Ü3 ○ *Bettina,* kann ich mal *die Stones-Platte* haben?

● Was willst du denn machen?

○ Wir haben am Samstag eine Party.

● Da möchte ich mitkommen.

○ Ist gut.

○ Das geht nicht, wir sind schon acht!

● .....

● Dann kriegst du die *Platte* nicht.

| Karin / deine Beatles-Platten |
| Pit / deine Cassetten |
| Ute / deinen Plattenspieler |
| Vater / den Fotoapparat |
| Mutter / das Mofa |

Ü4 ○ Robert, kann ich mal *deinen Fußball* haben?

● Kannst du denn *Fußball spielen?*

○ Natürlich!

● Was willst du machen?

○ Ich will *mit Ute, Renate und Gabi trainieren.*

+ .....
− .....

| dein Mofa / fahren / mal schnell zu Andreas fahren |
| deinen Fotoapparat / fotografieren / im Sportclub fotografieren |
| deine Gitarre / spielen / das "Caravan-Lied" spielen |
| dein Wörterbuch / lesen / einen Brief schreiben |
| ..... |

2 Gebote und Verbote

	Hier muß man halten. Leute von rechts und von links dürfen zuerst fahren.
	Hier darf man nicht halten. (Hier darf man nicht parken.)
○	Hier darf man nicht fahren.
	Hier kann man über die Straße gehen. Autos müssen langsam fahren oder warten.
▽	Vorsicht! Leute von rechts und von links dürfen zuerst fahren. Vielleicht muß man warten.
	Hier darf man nicht halten und parken. Hier halten nur Busse.

Ü5 Was machen die Leute? Was machen sie falsch?

① Das Auto muß warten. Das Mofa von links darf zuerst fahren.
Der Mann auf der Straße darf gehen.
②.....

Ü6 Was sagen die Leute auf dem Bild?

③ Der Busfahrer:

Fahren Sie weg, Sie dürfen da nicht halten! Da halte nur ich.

Vorsicht! Sie dürfen da nicht gehen.

④ Der Autofahrer oben links: .....   Der Busfahrer:
⑤ Die Frau mit dem Hund: .....
.....

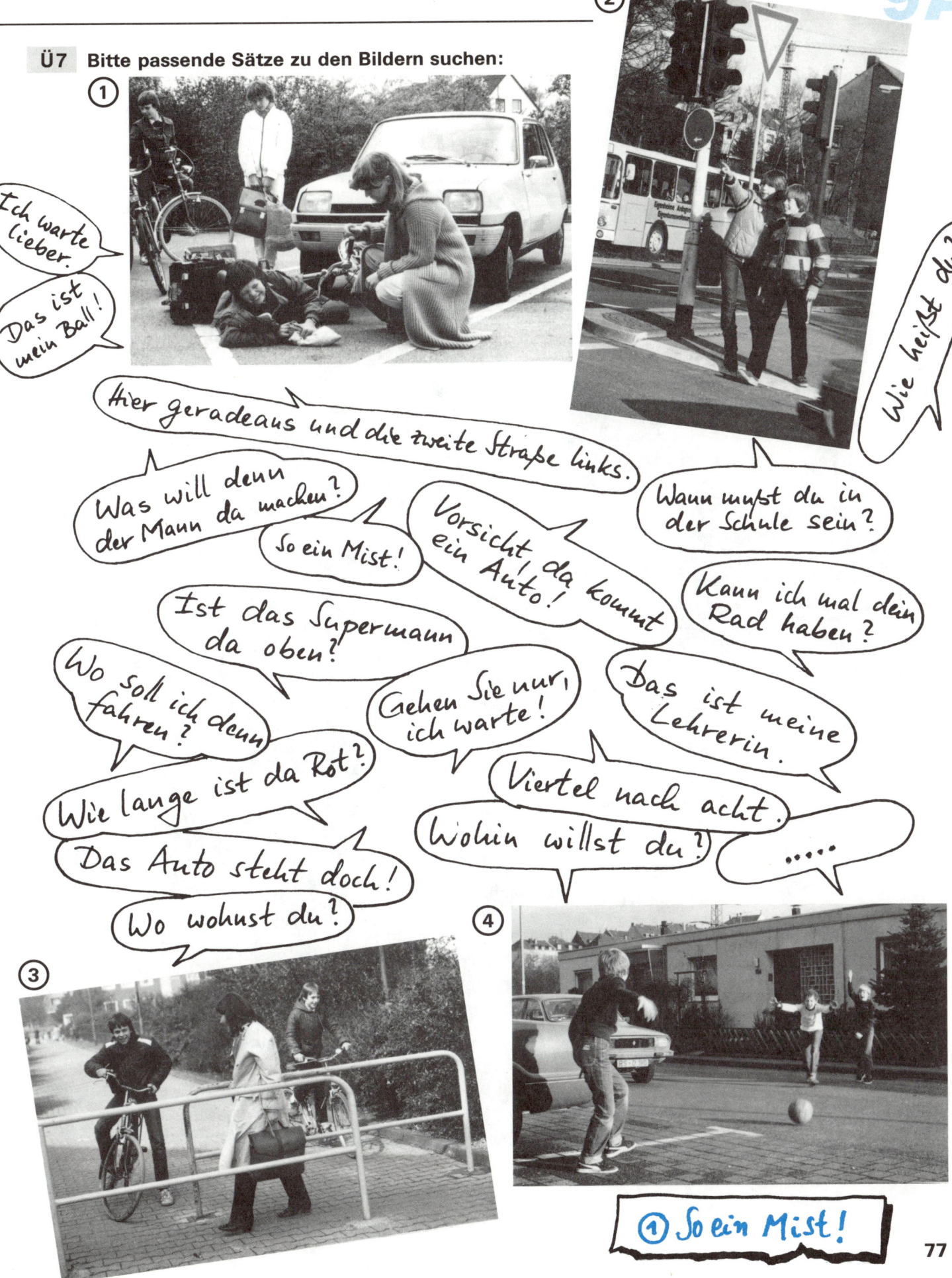

9A

Ü 8 Was sagen sie?

9B

1

KLEINANZEIGEN

Rockfans! Top-Angebot! Bandmasch. GX, 600 D, 80 Bänd., m. ca. 450 ...spielt, auß. Cass.-Rec. ...

Motorräder

Mofa Solo, m. Vers., VB 600,- 89 56 42

Honda CB 50, Bj. 80, Top-Zustand, mit Vers., 1400,-. So. ab 18 Uhr. 40 29 13

Mofa zu verk., 300,-. Tel. 49 83 02

Suzuki X1E Mokick, 6000 km, Bestzustand, VB 1800,-. Tel. 0 56 05 / 14 02

Solo Mofa MS 25, 2-Gang-Handsch., 4100 km, VB 1200,-. Tel. 81 14 99

Pfaff Tretnähmaschine s. guter Zustand. Tel. 7 58 42 n. 16 Uhr

Suche Kreidler-Mofa. 0 56 01 / 8 65 68

Verk. Mofa. Tel. ab 13 Uhr 51 35 92

Mokick Garelli-Teile. 0 56 74 / 8 61

Verk. Yamaha-Mokick. Tel. 40 53 36

SW-Vergr. Opemus 5, 6×6-K... neu, orig. verp., 200,- DM, ... Universal 2, neu, 260,- DM. T... 49 23 24

Sofa, Sessel, Liege. Tel. 31 35 6...

Ki.-Wagen m. div. Zub., Trag... sche, Ki.-Badewanne m. Gest. ...82 74 72

Judoanzug, Größe 140. Tel. 81 1...

Gepfl. He.-Anzüge ... Schlafanzüge...

Abk.	= Abkürzungen:
Mofa	= Fahrrad mit Hilfsmotor bis 25 km/h
Mokick	= Fahrrad mit Hilfsmotor bis 40 km/h
Vers.	= Versicherung
VB	= Verhandlungsbasis (wieviel das Mofa kosten soll)
So.	= Sonntag
Handsch.	= Handschaltung
verk.	= verkaufe/verkaufen
m.	= mit
Bj.	= Baujahr
s.	= sehr

Ü9 Telefonieren

○ Schmitz?

● Ist da 51 35 92?

○ Ja ..... ?

● Guten Tag. Sie haben ein Mofa in der Zeitung.

○ Ja.

● Ist das eine Yamaha?

○ Nein, eine Malaguti.

● Wie alt ist die Maschine denn?

○ Vier Jahre.

● Wie viele Kilometer hat sie drauf?

○ 2 500.

● Was kostet die denn?

○ 750 Mark.

● Das ist aber teuer!

○ Wieviel willst du denn zahlen?

● .....

2 Was will Rudi?

freundlich

immer

das Bild, die Bilder

nach Hause

die Ruhe
der Plan
nicken
einfach

Ü10 Du kennst das Problem auch! Erzähle: Was sollst du? Was sollst du nicht? Wer sagt das?

Mit 13, mit 15, mit 16, mit 18: So ist es in der Bundesrepublik

Mit dreizehn .....
..... darf man in den Ferien arbeiten ;
  aber: Die Eltern müssen ihre Erlaubnis geben –
  und: Die Arbeit muß leicht sein.

Mit fünfzehn .....
..... kann man mit der Arbeit anfangen,
  aber: Man darf nur 8 Stunden am Tag
  und 5 Tage in der Woche arbeiten;
..... darf man ein Mofa fahren,
  aber: Es darf nicht mehr als 25 Kilometer in der
  Stunde fahren;
..... darf man im Gasthaus Bier oder Wein trinken ,
  aber: ein Erwachsener muß dabeisein.

Mit sechzehn .....
..... darf man von zu Hause wegziehen,
  aber: Die Eltern müssen ihre Erlaubnis geben;
..... darf man ein Moped fahren,
  aber: Es darf nicht mehr als 40 Kilometer in der
  Stunde fahren;
..... darf man heiraten ,
  aber: Die Eltern müssen ihre Erlaubnis geben
  und: Der Partner muß über 18 Jahre alt sein.

Mit achtzehn .....
..... darf man den Führerschein für ein Motorrad
  machen;
..... darf man seinen Namen ändern;
..... darf man ohne Erlaubnis heiraten ;
..... darf man wählen;
..... darf man im Kino alle Filme sehen;
..... darf man im Gasthaus allein Alkohol trinken.

– **Mit achtzehn ist man erwachsen .**

Ü 11 Wie ist es bei euch?

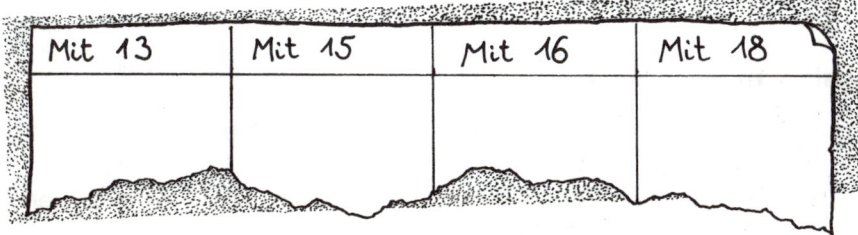

Ü 12 Was darfst du nicht, was möchtest du gern?

9C

1. Modalverben

	wollen	dürfen	können	sollen	müssen	
Sg. 1. ich	will	darf	kann	soll	muß	-
2. du	will- st	darf- st	kann- st	soll- st	muß- -t ⚠	-st
3. er	will	darf	kann	soll	muß	-
es	will	darf	kann	soll	muß	-
sie	will	darf	kann	soll	muß	-
Pl. 1. wir	woll- en	dürf- en	könn- en	soll- en	müss- en	-en
2. ihr	woll- t	dürf- t	könn- t	soll- t	müß- t	-t
Sie	woll- en	dürf- en	könn- en	soll- en	müss- en	-en
3. sie	woll- en	dürf- en	könn- en	soll- en	müss- en	-en

2. Wortstellung – Satzklammer

Wir	wollen		Montag um drei wieder Fußball	spielen.
Wir	müssen		heute noch einen Brief	schreiben.
Sie	darf		ihren Freund nicht	mitbringen.
Paul	kann		Mofa	fahren.
Du	sollst		das Buch	kaufen.
Wann	wollt	ihr	wieder Fußball	spielen?
Was	müßt	ihr	heute	schreiben?
Wen	darf	sie	nicht	mitbringen?
Wer	kann		(Mofa)	fahren?
Was	soll	ich		kaufen?
Wollt		ihr	Montag um drei wieder Fußball	spielen?
Müßt		ihr	den Brief heute noch	schreiben?
Darf		sie	ihren Freund	mitbringen?
Kann		Paul	(Mofa)	fahren?
Soll		ich	das Buch	kaufen?

Ü 13 Fragen und antworten: wollen, müssen

1. in die Schule gehen
2. das Moped haben
3. die Freunde sehen
4. nach Amsterdam fahren
5. ins Bett gehen
6. die Arbeit fertig haben
7. schwimmen gehen
8. Gitarre spielen

○ Wann mußt du in die Schule gehen?
● Ich muß um acht Uhr in die Schule gehen.

Ü14 Fragen und antworten (einer fragt – einer antwortet)

1. ihr/wir – ein Lied singen

> ○ Was wollt ihr?
> ● Wir wollen ein Lied singen.

2. er – ein Buch kaufen
3. du/ich – eine Cola trinken
4. sie – einen Freund haben
5. sie – heute Fußball spielen

Ü16 Rückfragen: dürfen

1. Sie/ich – hier nicht parken

> ○ Sie dürfen hier nicht parken.
> ● Was darf ich nicht?
> ○ Hier parken.

Ü17 Rückfragen: können

1. wir/ihr – genug Deutsch

> ○ Wir können genug Deutsch.
> ● Was könnt ihr?
> ○ Genug Deutsch.

Ü15 Rückfragen: müssen

1. ich – Hausaufgaben machen (du?)

> ○ Ich muß Hausaufgaben machen.
> ● Was mußt du?
> ○ Hausaufgaben machen.

2. wir – einen Brief schreiben (ihr?)
3. ich – meine Freundin finden (du?)
4. sie – die Mathebücher herausnehmen (sie?)
5. du – Judo trainieren (ich?)
6. ihr – morgen das Lied singen (wir?)

2. ihr/wir – hier nicht spielen
3. sie – ihren Freund nicht mitbringen
4. wir/ihr – nicht lachen
5. du/ich – nicht Moped fahren
6. man – am Mittag keine Musik machen
7. Sie/wir – hier nicht Fußball spielen

2. Paul – Motorrad fahren
3. er – nicht Gitarre spielen
4. du/ich – nicht fahren
5. sie – keine Briefe schreiben
6. ihr/wir – jetzt gehen

Ü18 Rocky ist in der Klasse. Was sollen die Schüler tun?

Rockine ist im UFO. Was sagt sie?

1. die Hausaufgaben herausnehmen; 2. das Heft aufschlagen; 3. die Geschichte aufschreiben; 4. das Wort "Galaxy" buchstabieren; 5. an die Tafel gehen; 6. den Satz schreiben.

10.1 "Sprechen Sie Deutsch?"

Über 90 Millionen Menschen in der Welt sprechen Deutsch als ihre Muttersprache.

Man spricht Deutsch: in der Bundesrepublik Deutschland,
in der Deutschen Demokratischen Republik,
in Österreich,
in der Schweiz.

(In der Schweiz spricht man auch Französisch, Italienisch und Rätoromanisch.)

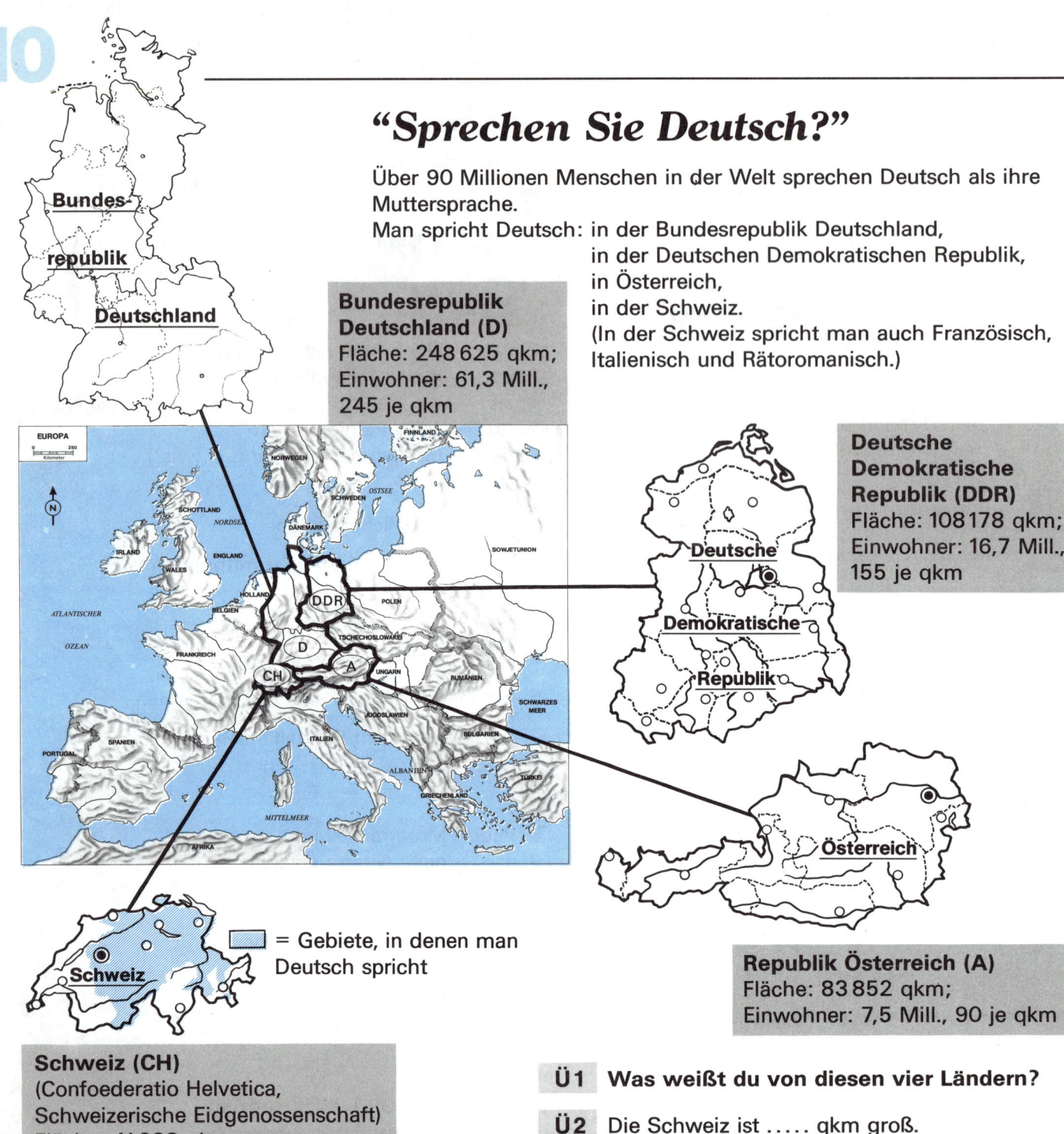

Bundesrepublik Deutschland (D)
Fläche: 248 625 qkm;
Einwohner: 61,3 Mill., 245 je qkm

Deutsche Demokratische Republik (DDR)
Fläche: 108 178 qkm;
Einwohner: 16,7 Mill., 155 je qkm

Republik Österreich (A)
Fläche: 83 852 qkm;
Einwohner: 7,5 Mill., 90 je qkm

Schweiz (CH)
(Confoederatio Helvetica, Schweizerische Eidgenossenschaft)
Fläche: 41 288 qkm;
Einwohner: 6,3 Mill., 152 je qkm

= Gebiete, in denen man Deutsch spricht

Ü1 Was weißt du von diesen vier Ländern?

Ü2 Die Schweiz ist ..... qkm groß.
Das Land hat ..... Einwohner.
Das sind ..... Menschen je qkm. .....

Ü3 Was möchtest du über diese Länder noch wissen? – Mehr Information über .....

..... Österreich:
Österreich-Information
Margaretenstraße 1
A-1040 Wien IV

..... die Schweiz:
Schweizerische Verkehrszentrale
Direktion
Bellariastrasse 38
CH-8027 Zürich

..... die DDR:
Auslandspresseagentur
Wilhelm-Pieck-Straße 49
DDR-1054 Berlin

..... die Bundesrepublik:
Deutsche Zentrale für Tourismus
Beethovenstraße 69
D-6000 Frankfurt/Main

Ferien

Schulferien	Ostern	Pfingsten	Sommer	Herbst	Weihnachten
Baden-Württ.	5.4.–16.4.	1.6.– 4.6.	1.7.–14.8.	25.10.–30.10.	23.12.– 8.1.
Bayern	5.4.–17.4.	1.6.–12.6.	29.7.–13.9.	2.11.	23.12.–11.1.
Berlin	29.3.–17.4.	29.5.– 1.6.	24.6.– 7.8.	4.10.–11.10.	23.12.– 8.1.
Bremen	25.3.–14.4.	1.6.	24.6.– 7.8.	7.10.–16.10.	23.12.– 5.1.
Hamburg*	13.4.	--	18.6.–31.7.	4.10.–23.10.	23.12.– 1.1.
Hessen	27.3.–17.4.	1.6.	18.6.–31.7.	4.10.– 9.10.	23.12.– 8.1.
Niedersachsen	27.3.–17.4.	29.5.– 1.6.	24.6.– 4.8.	2.10.– 9.10.	22.12.– 8.1.
Nordrhein-Westf.	27.3.–17.4.	29.5.– 1.6.	15.7.–28.8.	9.10.–16.10.	23.12.– 6.1.
Rheinland-Pfalz	29.3.–17.4.	29.5.– 1.6.	22.7.– 1.9.	30.10.– 6.11.	23.12.– 6.1.
Saarland**	29.3.–19.4.	--	22.7.– 4.9.	2.11.– 6.11.	24.12.– 8.1.
Schleswig-Holst.	2.4.–17.4.	--	18.6.–31.7.	4.10.–16.10.	23.12.– 5.1.

*Frühjahrsferien vom 11.3.–27.3.   **Fastnachtsferien 22.2.–23.2.

Ü4 Beispiel:

○ Wann beginnen in *Bayern* die *Sommerferien*?
● Am *neunundzwanzigsten Juli*.
○ Und wie lange dauern sie?
● Bis zum *dreizehnten September*.

Ü5 Beispiel:

○ Wie lange haben die Schüler in *Hessen* Weihnachtsferien?
● Vom *dreiundzwanzigsten Dezember* bis zum *achten Januar*.

Ü6 Beispiel:

○ In *Niedersachsen* dauern die *Herbstferien* vom *zweiten Oktober* bis zum *neunten Oktober*.
  Wie lange dauern sie in .....?
● Vom ..... bis zum ......

Ü7 Beispiel:

○ Wann sind *Osterferien*
  – in Bayern?
  – in Hamburg?
  – in Berlin?
  – .....?
● Vom ..... bis zum ......

Ü8 Beispiel:

○ Wann hast *du* Ferien?
  Weihnachten?
  Ostern?
  Pfingsten?
  Im Sommer?
  Im Herbst?

○ Hast du länger Ferien als die Schüler in Deutschland?

3 Am Bahnhof Duisburg

von Duisburg und Oberhausen nach

Brussel Noord / Bruxelles Nord

1. Kl → 64,30   2. Kl → 43,—   1. Kl ←→ 128,60   2. Kl ←→ 86,—

Duisburg ab	Oberhausen ab	Zug	an	Bemerkungen
6.16	6.02	IC 105	9.48	U Köln
6.26	■a 6.14	D 130	10.16	U Lüttich
7.30	✕ 7.14	D 232	11.46	
8.16	8.00	D 513	11.20	U Köln
8.39	✕ 8.19	D 705	12.23	U Köln ✕
10.16	9.51	D 521	13.46	U Köln
12.16	11.31	D 527	15.48	U Köln
14.11	14.02	E 2029	17.46	U Köln
16.16	■) 15.53	IC 109	19.47	U Köln
17.16	16.57	IC 627	20.46	U Köln
19.20	19.04	IC 123	22.55	U Köln

Rückfahrt

ab	Zug	Duisburg an	Oberhausen an	Bemerkungen
6.45	D 313	10.39	10.57	U Köln
8.22	D 319	11.43	11.54	U Köln IC
10.20	D 321	13.39	14.00	U Köln IC
12.20	D 323	15.39	■) 16.00	U Köln IC
15.20	D 325	18.39	■) 19.01	U Köln
16.08	IC 433	19.39	20.05	U Köln
18.20	IC 429	21.39	21.56	U Köln
18.35	D 225	22.26	22.36	✕ U Köln
19.20	719	23.20	■) 23.46	U Lüttich
19.52	1918	23.32		U Lüttich IC
20.20	D 327	0.12	0.23	U Köln

U in Duisburg umsteigen

Kobenhavn (Kopenhagen)

1. Kl → 183,30   2. Kl → 121,80   1. Kl ←→ 366,60   2. Kl ←→ 243,60

Duisburg ab	Oberhausen ab	Zug	an	Bemerkungen
0.23	23.56/0.25	D 839	12.09	🛏 U Hamburg Hbf
7.41	7.27	IC 635	16.29	U Hamburg Hbf
10.41	10.16	IC 133	19.40	U Hamburg Hbf
13.41	13.33	IC 614	22.45	U Hamburg Hbf
19.41	19.33	IC 620	6.45	🛏 Dortmund U Hamburg Hbf 🛏
23.22	■) 23.09	D 233	9.09	

Rückfahrt

ab	Zug	Duisburg an	Oberhausen an	Bemerkungen
7.20	399	16.14	16.20	U Hamburg Hbf IC
10.15	IC 132	19.14	19.49	U Hamburg Hbf
13.20	373	22.14	22.24	U Hamburg Hbf IC
17.45	395	4.37	5.23	U Hamburg Hbf
21.10	232	7.26	✕ 7.24	
23.45	371	10.14	10.48	🛏 U Hamburg Hbf IC U Dortmun

d = In Dortmund umsteigen
C = in Essen umsteigen
U = in Gelsenkirchen umsteigen

Amsterdam und zurück

1. Kl → 48,80   2. Kl → 33,10   1. Kl ←→ 97,60   2. Kl ←→ 66,20

Duisburg ab	Oberhausen ab	Zug	an	Bemerkungen
6.47	7.14	D 200	9.36	
8.20	8.30	E 2304	10.42	
9.09 ×	9.25	E 2324	11.42	
9.33	9.41	IC 122	11.45	
10.13	10.25	E 2306	12.42	
11.47	12.10	D 222	14.26	🍴
13.17	13.25	IC 10	15.42	
13.46		TEE 10	16.03	
15.15	15.25	E 2312	17.44	
16.12	16.29	E 2314	18.42	
18.01 ×	18.22	E 2328	20.42	
18.44	18.52	IC 124	20.56	
19.30	19.39	D 202	22.03	✕
19.45		TEE 6	21.56	
21.49	21.58	E 2318	0.19	

Rückfahrt

ab	Zug	Duisburg an	Oberhausen an	Bemerkungen
✕ 6.09	E 2303	8.44	8.35	
6.57	IC 125	9.11	9.02	
7.49	TEE 7	10.08		
8.19	D 203	10.46	10.34	✕
9.17	E 2329	12.09 ×	11.39	
10.17	E 2307	12.44	12.35	
12.17	E 2311	14.41	14.32	
13.17	E 2313	15.39	15.30	
13.55	TEE 11	16.09		
14.49	D 223	17.30	17.07	🍴
16.55	IC 123	19.11	19.02	
17.16	E 2325	19.39 ×	19.28	
18.17	E 2317	20.46	20.32	
19.16	E 2319	21.35	21.27	
20.19	D 201	23.15	22.43	

× = In Oberhausen umsteigen

Wien (Westbahnhof)

1. Kl → 235,80   2. Kl → 158,30   1. Kl ←→ 471,60   2. Kl ←→ 316,60

Duisburg ab	Oberhausen ab	Zug	an	Bemerkungen
6.39	■a 6.26 U	D 221	19.10	✕
10.16	9.51 U	IC 521	21.25	U Würzburg
17.34	17.22	D 223	6.40	
20.29	20.00	E 2730	9.45	🍴 U Köln U Linz ✕
23.18	■ 23.02 U	D 427	13.55	🛏
23.18	■ 23.02 U	D 427	14.45	🛏

Rückfahrt

ab	Zug	Duisburg an	Oberhausen an	Bemerkungen
7.35	226	18.32	18.50	✕ U München IC U Mannheim
9.05	220	21.30	21.56 U	U Frankfurt U Köln
■)13.45	228	1.42		U Frankfurt U Köln
14.40	644	6.26	6.45 U	U Frankfurt
20.50	224	9.31	9.39	U Frankfurt
23.00	222	11.43	11.54	U Frankfurt IC

U = in Duisburg umsteigen

"Von Duisburg nach ....."

Ü9 Beispiel:

○ Ich möchte morgen früh nach *Amsterdam* fahren. Wann kann ich fahren?
● Um *8 Uhr 20*.
○ Wann bin ich dann in *Amsterdam*?
● Um *10 Uhr 42*.
○ Kann ich auch später fahren?
● Ja, um *9 Uhr 9*, dann sind Sie um *11 Uhr 42* dort.
○ Muß ich da umsteigen?
● Ja, in *Oberhausen*.

Ü10 Beispiel:

○ Ich möchte am Mittag von *Amsterdam* nach Duisburg zurückfahren. Wann kann ich fahren?
● Um *12 Uhr 17* oder um *13 Uhr 17*.
○ Und wann bin ich dann in Duisburg?
● *14 Uhr 32* oder *15 Uhr 30*.
○ Vielen Dank.

Ü11 Beispiel:

○ Bitte, was kostet eine Fahrkarte nach *Kopenhagen*?
● Einfach oder Rückfahrt?
○ Eine Rückfahrkarte zweiter Klasse.
● *243 Mark und 60 Pfennig*.
○ Vielen Dank.

Meine Familie!

Vorname: Carola
Familienname: Weber
Alter: 13
Größe: 1,52 m
Beruf: Schülerin
Hobbys: .....

meine Mutter

Vorname: Erna
Familienname: Weber
Alter: 36
Größe: 1,71 m
Beruf: Hausfrau
Hobbys: Tennis, Musik hören

mein Vater

Vorname: Alfred
Familienname: Weber
Alter: 36
Größe: 1,76 m
Beruf: Monteur
Hobbys: Basteln, Radfahren

mein Bruder

Vorname: Franz
Familienname: Weber
Größe: 1,62 m
Alter: 11
Beruf: Schüler
Hobbys: Schwimmen, Gitarre spielen

meine Schwester

Vorname: Manuela
Familienname: Weber
Alter: 9
Größe: 1,49 m
Beruf: Schülerin
Hobbys: Briefmarken sammeln, Bücher lesen

meine Großeltern

Vornamen: Anna-Maria/Ernst
Familienname: Schmidt
Alter: 71/76
Größe: 1,63 m/1,72 m
Beruf: Hausfrau/Rentner
Hobbys: Bücher lesen/Fernsehen

Ü12

> Meine Mutter
> Mein Vater   heißt ...

Sie | ist ..... Jahre alt.
Er

Sie | ist ..... groß.
Er

Sie | ist ..... von Beruf.
Er

Ihre | Hobbys sind: .....
Seine

Ü13 Beschreibe | den Vater | von Carola.
die Mutter
den Bruder
.....

> Ihr Vater heißt ... und ist ... alt.
> Er ...

5 Schulordnung

§1 Die Schüler müssen pünktlich um 8 Uhr in der Schule sein.

§2 Der Lehrer hat immer recht.

§3 Der Lehrer fragt – die Schüler antworten. Der Lehrer redet – die Schüler sind ruhig.

§4 In der Pause dürfen die Schüler nicht im Klassenzimmer bleiben. Im Hof dürfen sie nicht rennen und Fußball spielen.

§5 Die Schüler müssen jeden Tag ihre Hausaufgaben machen und sauber schreiben.

Der Direktor

§ = Paragraph

§1 Die Schüler können bis neun Uhr schlafen. Der Unterricht beginnt nicht vor zehn Uhr.

§2 Die Schüler haben immer recht!

§3 Die Schüler reden – der Lehrer ist ruhig!

§4 In der Pause dürfen die Schüler im Klassenzimmer Fußball spielen.

§5 Niemand muß Hausaufgaben machen.

Ü14 Kannst du noch mehr §§ (Paragraphen) für die Schulordnung und die Anti-Schulordnung machen?

Ü15 Diskussion über Schulordnungen:

Meiner Meinung nach soll	Pünktlich sein finde ich gut.
Ich finde, die Schule	Hausaufgaben machen finde ich blöd.
Bei uns darf/kann/muß	Diskutieren mag ich gern.

Schreibt eine Schulordnung für eure Klasse.

Anna erzählt von ihrer Schule:

Ihre Schule ist schön, aber die Lehrer sind sehr streng. Die Schüler müssen viel lernen.

Jeden Nachmittag muß Anna zwei Stunden Hausaufgaben machen. Erst dann darf sie zum Spielen gehen.

Sie dürfen nicht zu spät zum Unterricht kommen. Und die Klasse muß immer sauber sein.

Ihr macht das Lernen Spaß, Mathematik und Englisch gefallen ihr besonders gut. Aber manchmal macht ihr die Schule auch keinen Spaß: Man muß so viel arbeiten.

Ü16 Schlage unbekannte Wörter im Wörterbuch nach.

Jens erzählt:

In der Pause ist seine Klasse immer ein Chaos.
Sie werfen mit Kreide oder mit dem Schwamm in der Klasse herum. Sie schieben die Tische und Stühle durcheinander und werfen sie um.

Nach der Pause warten sie auf den Lehrer. Wenn er kommt, rufen sie schnell: "Achtung! Er kommt!"

Dann stellen sie alles ganz schnell wieder an seinen Platz und sitzen ganz still.

Der Lehrer ist dann immer ganz sauer. Aber er kann nichts machen.

Ü17

Was sagen	Anna	Jens
über die Schule?		/
über die Klasse?		
über die Lehrer?		
über die Schüler?	/	

7 Dracula hat Zahnweh

○ Hier Praxis Dr. Müller, guten Tag.
● Guten Tag, hier ist Dracula.
○ Wer ist dort???
● Dracula. Hier ist Dracula!
Ich habe furchtbares Zahnweh!
Vorne rechts. Wann kann ich kommen?
○ Heute nicht mehr. Vielleicht morgen früh?
Um 9 Uhr 30?
● Das geht nicht! Ich kann nur nachts,
von zwölf bis eins. O.K.?
○ Ich weiß nicht .....
● Wie bitte?!
○ Also, ich sage dem Herrn Doktor:
Heute nacht um 24 Uhr!
● Guuht! Auf Wiedersehen! Sehr guuht!

Ü18

○ "Hier Praxis Dr. Müller, guten Tag."

● "Guten Tag, hier Klaus Fischer. Ich habe starke Zahnschmerzen. Wann kann ich kommen?"

○ "Heute nicht mehr. Vielleicht morgen um halb zehn?"

● "Gut, danke."   ● "Das geht nicht! ....."

Du hast starke Zahnschmerzen und rufst bei Dr. Müller an. Du möchtest noch heute kommen. Du bekommst einen Termin für 16.00 Uhr.

Heute ist der 23. 9. Du hast Halsschmerzen. Du rufst bei Dr. Karl an und bekommst einen Termin für Donnerstag, den 24. 9., 13.30 Uhr.

Heute ist der 18. 6. Dein Knie tut sehr weh. Du rufst bei Dr. Neumann an: Er ist bis zum 19. 6. in den Ferien. Du bekommst einen Termin am 20. 6., 14.30 Uhr.

Am Bahnhof und im Zug: Piktogramme

① Auskunftsbüro ② Geldwechsel ③ Nichtraucher ④ Raucher

⑤ Postamt ⑥ Telefon ⑦ WC Herren ⑧ Fahrkarten

⑨ Gaststätte ⑩ Waschraum ⑪ Platz für Behinderte ⑫ Taxi

Ü 19 Kannst du diese Zeichen erklären?

Nr. 1: Hier kann man fragen.
Nr. 2: Hier kann .....
Nr. 3: Hier | kann man .....
       | darf
       | muß

.....

Auf der Straße: Verkehrszeichen

 1.  2.  3.

Kühe auf Straße   Seitenwind   Engstelle

 4.  5.  6.

Ufer   Verbot für Autos und Motorräder   Schleudergefahr

 7.  8.

Sackgasse   Bauarbeiten

Ü 20 Was bedeuten diese Verkehrszeichen? Schlage im Wörterbuch nach.

Ü 21 Sieh dir die Verkehrszeichen noch einmal an. Sie können auch etwas Lustiges bedeuten:

Beispiel:

1. 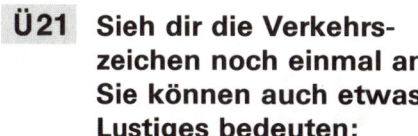 *Hier gibt es frische Milch!*
2. .....
3. .....
4. .....
5. .....
6. .....
7. .....
8. .....

10 Bildlexikon: Fahrrad und Moped

① der Lenker ② die Bremse ③ der Sattel ④ der Gepäckträger ⑤ das Vorderrad ⑥ das Hinterrad ⑦ die Kette ⑧ das Pedal ⑨ die Schaltung ⑩ das Licht ⑪ das Schutzblech ⑫ der Reifen ⑬ der Motor ⑭ der Auspuff ⑮ das Rücklicht

Ü22 Vergleiche Fahrrad und Moped
Beispiel: Das Fahrrad hat keinen Motor. .....

Ü23 Vergleiche A und B unten: Was ist gleich, was ist anders? (In B fehlen 8 Sachen!)

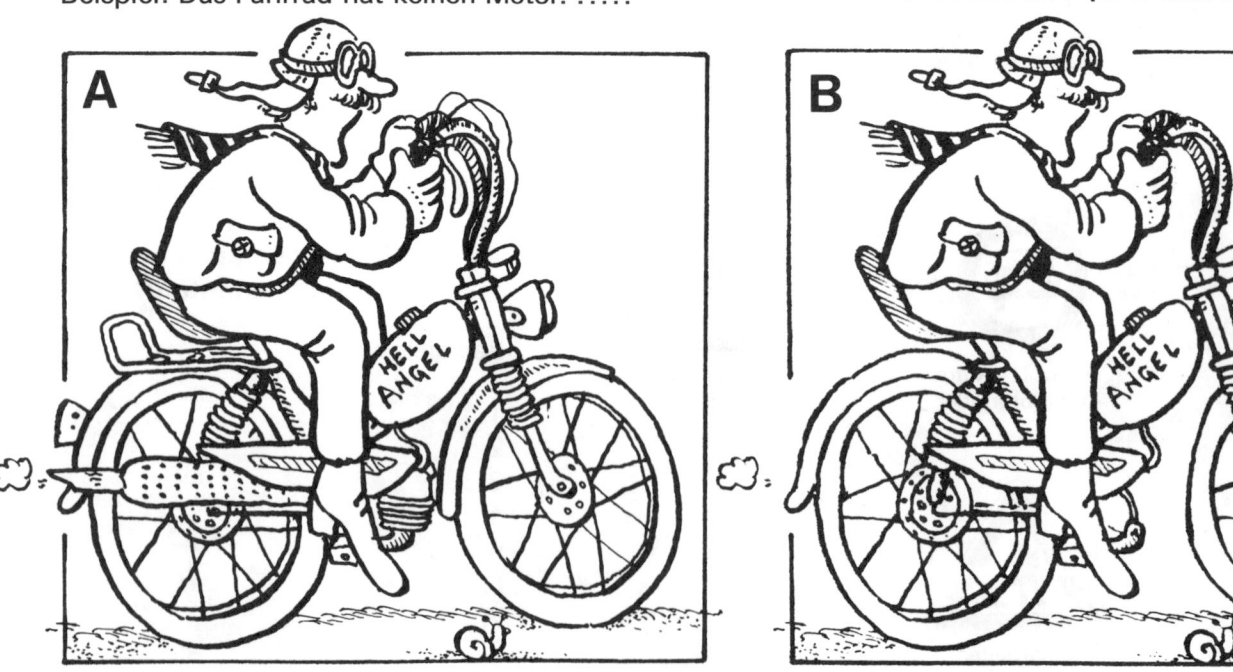

Stefanie und ihre Freundinnen

Stefanie ist dreizehn. Sie geht in die 7. Klasse. Sie ist blond, hat blaue Augen und ist einsfünfundfünfzig groß.

Sie hat vier Freundinnen: Anja, Kathrin, Silke und Sabine.

Anja, die erste Freundin, ist etwas kleiner als Stefanie. Sie hat dunkelblonde, lange Haare und braune Augen. Sie schwimmt gerne, mag Pferde und spielt Handball.

Kathrin, die zweite Freundin, ist etwas größer als Stefanie. Sie hat lange, hellblonde Haare und blaue Augen. Ihr Hobby sind Pferde.

Silke, die dritte Freundin, ist genau so groß wie Stefanie.
Sie hat dunkelbraune, lange Haare und dunkelbraune Augen. Sie fährt gerne Rad, schwimmt gerne und spielt Handball.

Sabine, die vierte Freundin, ist größer als Stefanie.
Sie hat dunkelbraune, kurze Haare und dunkelbraune Augen. Sie spielt gerne Handball, redet viel, ärgert gerne Lehrer und schwimmt gerne.

Ü24 Mache Notizen

	Stefanie	Anja	Kathrin	Silke	Sabine
Größe Haare Augen Hobbys					

Alphabetisches Wortschatzregister

Diese Liste enthält alle Wörter, die im ersten Band des Lehrwerks *Deutsch konkret* vorkommen, und zeigt auf, an welcher Stelle sie zum erstenmal auftreten.

Sie unterscheidet

● Wörter in **halbfettem Druck,** die der Lerner aktiv beherrschen lernen soll, und

● Wörter in normalem Druck, die der Lerner nur zu verstehen und nicht unbedingt zu lernen braucht, die er aber bei wiederholtem Auftreten am ehesten im Register aufsuchen wird, wenn er einen Text verstehen will.

● Viele Wörter erscheinen zunächst so, daß man sie nur zu verstehen braucht; aber später muß sie der Lerner auch aktiv benutzen lernen. Das Wort "Beispiel" steht z.B. zum erstenmal in Teil 1C, aber erst in Teil **10.2** muß der Lerner es auch selbst benutzen können. Die Liste gibt beide Stellen an:

Beispiel, das 1C, **10.2**

● Meistens, aber nicht immer ist es so, daß der Lerner den Wortschatz der A-Teile aktiv beherrschen soll. Die Wörter der B- und C-Teile und der Plateaus gehören oft nur zum Verstehenswortschatz. Aber auch in den A-Teilen, z.B. in Überschriften und Übungsanweisungen, stehen Wörter, die man nur zu verstehen braucht; und in den Plateaus und Verstehenstexten gibt es auch Wörter, die man für den aktiven Gebrauch lernen muß.

● Eine Reihe von Wörtern stehen nur in festen Wendungen oder werden in verschiedenen Wendungen mit unterschiedlicher Bedeutung gebraucht. Solche Wendungen stehen dann eingerückt unter dem Stichwort:

aus
    aus Kassel   1A1
    es ist aus!   4B2
    aus dem Haus   7B3

● Zahlen und Namen stehen in der Regel nicht in dieser Liste.

● **Zeichenerklärung:**
→ zeigt das Wort, bei dem man in dieser Liste das Grundwort oder die Grundform des Wortes findet.
Flektierte Formen von Wörtern stehen in dieser Liste nur dann, wenn die Flektion den Stamm verändert.
= steht vor Erklärungen (meistens von Abkürzungen).
( ) Wenn von einem Wort nur eine flektierte Form und nicht die Grundform eingeführt wird, so steht die Grundform in Klammern, aber nicht an eigener Stelle in der Liste.

A

ab 8B1
abzählen 2A2
ABC = Alphabet 3C
Abend, der 3A2
abends 7B3
aber 4A1
Abk. = Abkürzung 9B1
abzählen 2A2
ach! 2B3
Achtung, die 10.6
addieren 5.3
adieu! 2B2
Adjektiv, das 6C
Adresse, die 3A2
Ahnung, die 4A2
Akkusativ, der 4C
Alkohol, der 9B3
alle 9B3
Allee, die 8B1
allein 8A1
alles 10.6
als 5.3
also 8A2
alt 1A1
Alter, das 2B1, **3A2**
am = an dem 2B1, **4A1**
  am Rand 2B1
  am Montag 4A1
an 2B3, **7A2**
  an den Caravan 4B2
  an junge Leute 8B2
  an dem (= am) 8C
  an seinen Platz 10.6
andere, der, die, das 8B1
ändern 9B3
anders 10.10
anfangen 9B3
Angebot, das 8B1
angehen 2B3
Angst, die 4B1
anhören 9B2
ankommen 7A2
Anmeldekarte, die 3A2
Anmeldung, die 3A2
Anrede, die 2C
Anregung, die 8B1
Anschluß, der 8B1
antworten 8A2
Anzug, der 8B1
April, der 10.2
Arbeit, die 9B3
arbeiten 9B3, **10.6**
Arbeitslehre, die 4B1
ärgern 10.11
Arm, der 7B2
Artikel, der 3C
Atlas, der 4A2
auch 1A1
auf

auf deutsch 1A2
auf einem Campingplatz 2B1
auf Wiedersehen! 2B3
Aufgabe, die 2A2
Aufmerksamkeit, die 4B1
aufschlagen 4A2
aufschreiben 4A2
Auge, das 6A1
August, der 8B1, **10.2**
aus
  aus Kassel 1A1
  es ist aus! 4B2
  aus dem Haus 7B3
Ausdruck, der 8A1
ausfüllen 2B1
Auskunft, die 8A2
Auskunftsbüro, das 10.8
Ausland, das 10.3
Auslandspresseagentur, die 10.1
Auspuff, der 10.10
ausreichend 4B1
Aussagesatz, der 1C
Aussprache, die 1A1
Auto, das 1B
Autobahn, die 2B3
Autofahrer, der 9A2

B

Baby, das 2B2
Bademeister, der 7B1
Badewanne, die 9B1
Bahn, die 8B1
Bahnfahren, das 8B1
Bahnfahrt, die 8B1
Bahnhof, der 8A2
Bahnhofsplatz, der 8A2
bald 2B1
Ball, der 1C, **9A2**
Band, die 9B1
Bank, die 8A2
Basketball, der 6A3
Basteln, das 10.4
Bauarbeiten, die 10.9
Bauch, der 7B2
bedeuten 10.9
befriedigend 4B1
beginnen 10.2
begrüßen 2A1
Behinderte, der, die 10.8
bei 2A1
beilegen 3B
beim = bei dem 7B2
Bein, das 7B2
Beispiel, das 1C, **10.2**
bekommen 3B
Bemerkung, die 4B1, **10.3**
benennen 3C
Beruf, der 10.4
beschreiben 3B, **6A1**

besonders 6A1
bespielen 9B1
besser → gut 6A3
beste → gut 6A3
bestimmt 3C
Bestzustand, der 9B1
Besuch, der 7B3
besuchen 7B3
Betragen, das 4B1
Bett, das 9C
Beule, die 7B2
Bier, das 9B3
Bild, das 9A2
Bildlexikon, das 10.10
billig 8B1
bin → **sein** 1A1
Biologie, die 4A1
Biologiebuch, das 4A1
bis
  bis neun 2A2
  bis zum Jahresende 4B1
  von zwei bis vier (Uhr) 7A3
  bis 25 km/h 9B1
bißchen, ein 9B2
bist → **sein** 1A1
bitte 2A1
blau 6A1
blaugrün 6A1
bleiben 4B1
Bleistift, der 3A1
blöd 5.2
Blödmann, der 9A1
blond 6A1
Bogenschießen, das 6A3
Boxen, das 6A3
brauchen 4A1
braun 6A1
brechen 7B2
Bremse, die 10.10
Brief, der 9A1
Briefkasten, der 8C
Briefmarke, die 6A1
bringen 4A2
Brust, die 7B2
Bruder, der 2B2, **6A1**
Buch, das 3A3
buchstabieren 3A2
Bundesbahn, die 8B1
Bundesrepublik, der 1B, **3A1**
Bushaltestelle, die 8A2
Baum, der 6A2

C

ca. = circa 1C
Campingbus, der 5.1
Campingplatz, der 2B1, **5.1**
Caravan, der 1B
Cassette, die 1B, **2A2**
CH = Schweiz, die 10.1
Chaos, das 10.6

Chemie, die 4B1
Clique, die 7B3
cm = Zentimeter 6B1
Cola, die 1B, **2A2**

D

da 2A1
dabei 5.3
dafür 8B1
Dame, die 9A2
Dank, der 3B, **8A1**
danke 2A2
dann 7B3, **8A1**
darf → **dürfen** 9A2
das 1A1
  schön, daß ... 8B2
Dativ, der 8C
Datum, das 8C
Dauer, der = Zeitdauer, die 7C
dauern 7A3
dazu 8B1
  dazu ein Hinweis 8B1
DDR = Deutsche Demokratische Republik 3B, **10.1**
dein 1A1
dem → **der, das** 2B1, **8A1**
den → **der, das** 2B1, **3A1**
denken 8B1
denn 3A2
der 1C, **2A2**
des → **der, das** 8B1
deshalb 8B1
deutsch
  auf deutsch 1A2
Deutschbuch, das 4A1
Deutschheft, das 4A2
Deutschland 1A1
Deutschlehrer, der 4C
Dezember, der 10.2
dich → **du** 6C
die 1A1
Dienstag, der 4A1
dieser, -es, -e 8B1
diesmal 7C
dir → **du** 7B3, **9A1**
direkt 8A2
Direktion, die 10.1
Direktor, der 10.5
Disco, die = Diskothek, die 1B
Diskussion, die 8B1
Diskutieren, das 10.5
DM = Deutsche Mark 2A2
doch
  das wäre doch eine Anregung! 8B1
  du darfst doch noch gar nicht fahren! 9A1
Doktor, der 10.7
Donnerstag, der 4A1
doof 4A1

Dorf, das 3B
dort 2B3, **4A2**
Dr. = Doktor 10.7
drauf = darauf 9B1
dreimal 7A3
drüben 2A1
du 1A1
dunkelblond ➔ blond 10.11
dunkelbraun ➔ braun 6A1
durch 1A2
durcheinander 10.6
dürfen 9A2

E

eben 9A1
Ecke, die 8A2
Eidgenossenschaft = Schweiz 10.1
ein, -e 2A2
einfach
  du nickst einfach 9B2
  einfach oder Rückfahrt? 10.3
Einfahrt, die 5.1
einkaufen ➔ kaufen 8A1
einmal 2B3, 7A3
eins
  eins (Zahl) 1A2
  Eins, die (Note) 4B1
  eins siebzig = ein Meter und siebzig Zentimeter 6A1
  eins (Uhrzeit) 7A1
einverstanden 7A1
Einwohner, der 10.1
Eltern, die 2B2
endlich 8B1
Englisch 4A1
Englischaufgaben, die 9A1
Englischbuch, das 4A1
Engstelle, die 10.9
entlang 8A2
Entschuldigung, die 2A1
er 1A1
Erdkunde, die 4B1, **6A1**
erfragen 3C
erhalten 8B1
erklären 4B1, **10.8**
Erlaubnis, die 9B3
Ermäßigung, die 8B1
erst
  erst dann darf sie ... 10.6
erwachsen 9B3
Erwachsene, der, die 9B3
erwacht (erwachen) 5.5
erzählen 1C
es 9A1
etwa 7B3, **8A2**
etwas 6C
euch ➔ ihr 6C
euer, eure 2C
europäisch 8B1

F

fahren 2B1, **9A1**
Fahrkarte, die 10.3
Fahrpreis, der 8B1
Fahrrad, das 9A1
Fahrt, die 8B1
falsch 9A1
Familie, die 2B1, **10.4**
Familienname, der 1A1, 10.4
Farbe, die 6A1
fast 7B3
Februar, der 10.2
fehlen 10.10
Feminum, das 3C
Ferien, die 2B1, **10.2**
ferner 8B1
Fernsehen, das 10.4
Ferse, die 7B2
fertig 9C
Film, der 9B3
finden 4A2
Finger, der 7B2
Fläche, die 10.1
Fleiß, der 4B1
fliegen 4B2
Flöte, die 7A3
folgend 2B1
fort 2B3
Foto, das 2A2
Fotoapparat, der 9A1
fotografieren 6A2
Frage, die 5.2
fragen 3A2
Fragesatz, der 1C
Französisch 4B1
Frau, die 2A1
Fräulein, das 2A1
frei 3A1
Freitag, der 4A1
Freizeit, die 6B2
fremd 4B1
Fremdsprache, die 4B1
freuen, sich 2A1

Freund, der 1A1
Freundin, die 1A1
freundlich 4B1
frisch 10.9
früh 10.3
früher 10.7
Frühjahrsferien, die 10.2
Führerschein, der 9B3
Fünfhundertmarkschein, der 2A2
fünfmal 2A2
Fünfmarkstück, das 2A2
Fünfziger, der 2A2
Fünfzigmarkschein, der 2A2
für
  vielen Dank für die Karte 3B
  für Frau Keller 4B1
  ich interessiere mich für Musik 6A1
  kein Platz für eine Tischtennisplatte 6B1
furchtbar 10.7
Fuß, der 7B2
Fußball, der 1B, **4A2**

G

Gang, der 9B1
ganz 3C, **6A1**
gar
  gar nicht 9A1
Gasthaus, das 9B3
Gaststätte, die 10.8
geben 9A1
Gebiß, das 5.5
Gebot, das 9A2
gebrochen ➔ brechen 7B2
Geburtstag, der 8C
Geburtstagsgeschenk, das 8B1
gedacht ➔ denken 8B1
gefallen 7B3, **10.6**
gehen
  wie geht's? 2A1
  gehen wir schwimmen? 7A1
gehören 5.2
gelb 6A2
Geld, das 2A2
Geldschein, der 2A2
Geldstück, das 2A2
Geldwechsel, der 10.8
Geldwechsler, der 2A2
genau 10.11
genommen ➔ nehmen 13C
genug 9C
Gepäckträger, der 10.10
gepfl. = gepflegt 9B1
geradeaus 8A1
gerecht 4B1
gern 6A1
Geschäft, das 7B3
Geschichte (Schulfach) 4A1
Gesicht, das 4B2, **7B2**
Gespräch, das 10.2
geteilt ➔ teilen
  geteilt durch ... 1A2
Gewichtheben, das 6A3
gewöhnlich 8B1
gibt ➔ geben, weitergeben 5.3
gilt ➔ gelten 9B3
Gitarre, die 1B, **2A2**
gleich 8A2
Grad, der (=°) 7A1
Grenze, die 10.1
Groschen, der 2A2
groß 6A1
Größe, die 6A1
Großeltern, die 10.4
Großmama, die = Großmutter, die 2B2, 10.3
größte ➔ groß
  der größte Schüler 4B2
grün 6A1
Gruß, der
  herzliche Grüße 2B1
günstig 8B1
gut
  guten Tag! 1A1

H

Haar, das 4B2, 6A1
haben 2B1
halb 7A2
Halbjahr, das 4B1
Hallenbad, das 7A1
hallo! 1A1
Hals, der 7B1
Halsschmerzen, die
  ➔ Schmerzen 10.7
halten 8A1
Hamburger, der 2A2
Hand, die 7B2
Handarbeit, die 4B1
Handarbeitszeug 4A1
Handball, der 6A3

Handschaltung, die 9B1
Hauptschule, die 3B
Hauptwort, das 3C
Haus, das,
  zu Hause 7B3
Hausaufgabe, die 4A2
Hausaufgabenheft, das 4C
Hausfrau, die 10.4
Heft, das 3A3
heiraten 9B3
heißen 1A1
hellblau ➔ blau 6A1
Helvetica = Schweiz, die 10.1
heraus 4A2
herausnehmen 4A2
Herbst, der 10.2
Herr, der 1A1
herum
  herumwerfen 10.6
herzlich
  herzliche Grüße 2B1
Hessen 10.2
heute 2B3
  heute abend 3A2
hier 10.7
Hilfsmotor, der 9B1
hilft ➔ helfen 4B1
Himmel, der 6A2
Hinterrad, das 10.10
Hinweis, der 8B1
Hobby, das 6A1
Hockey, das 6A3
Hof, der 10.5
holen 9A1
höflich 2C
hören 5.5, **6A1**
Hotel, das 3B
Hund, der 4B2, **9A2**
Hundertmarkschein, der 2A2
hüpfen 7B1

I

ich 1A1
ihn ➔ er 7B3
ihr ➔ sie 1B
Ihr ➔ Sie 2C
im = in dem 2B1, **8C**
immer 6B2, **9A1**
Imperativ, der 4C
in 1A1
Info, die = Touristeninformation, die 8A2
Information, die 8A2
innerhalb 8B1
ins = in das
  ins Grüne fahren 7B3
Inter-Rail-Ticket 8B1
interessant 4A1
interessieren,
  sich interessieren für ... 6A1
international 1B
Interview, das 5.2
Intonation, die 1A1
ist ➔ sein 1A1
Italienisch 10.1

J

ja 2A1
Jahr, das 1A1
Jahresende, das 4B1
Januar, der 10.2
Jeans, die 1B
jeder
  jeder würfelt 5.3
  jeden Tag 7B3
jetzt 2B3, **4A2**
Job, der 7B3
Judo, das 6A3
Judoanzug, der 9B1
Jugendherberge, die 3A2
Jugendliche, der, die 8B1
Jugendmannschaft, die 6B2
Jugendzentrum, das 8A2
jung 2B1
Junioren-Paß, der 8B1
Juni, der 10.2

K

Kaffee, der 1B
kann ➔ können
  kannst du am Samstag? 7A1
  kann ich mal ... haben? 9A1
kaputt 7B2
kaputtmachen 4B1
Karte, die
  (= Landkarte) 3A3
  (= Postkarte) 3B
Kassette, die ➔ Cassette 1B
kaufen 7B3
Kaufhaus, das 8A2
kein 1B, **7B3**
kennen 1B, **7B3**
Kette, die 10.10

Kilometer, der 8B1
Kilometerbegrenzung, die 8B1
Kind, das 4C
Kinn, das 7B2
Kino, das 7A3
Klamotten, die 7B3
klappern 5.5
klar 5.1
Klasse, die 1A1
Klassenkamerad, der 8C
Klassenlehrerin, die 1A1
Klassensprecher, der 4B1
Klassenzimmer, das 10.5
Kleid, das 7B3
klein 3B
Kleinanzeige, die 9B1
kleiner ➔ klein 10.11
km = Kilometer 9B1
Knie, das 7B2
kochen 2B3
Kochtopf, der 14B3
Konjugation, die 1C
können 7A1, 8B1, **9C**
Kopf, der 7B2
kosten 2A2
Kreide, die 10.6
Kuh, die 4B2, **10.9**
Kuli, der 3A3
Kunst, die 4A1
Kunstgeschichtebuch, das 4A1
kurz 8B1, 10.11

L

lachen 9C
Land, das 2B1, **3A2**
Landkarte ➔ Karte 3A3
lang 8B1
lange ➔ lang 7A3
länger ➔ lang 10.2
langsam 9A2
langweilig 4A1
Laufen, das 6A3
Lebensjahr, das 8B1
legen
  beilegen 3B
Lehrer, der 1A1
Lehrerin, die 1A1
leicht 9B3
Leichtathletik, die 6A3
leid
  tut mir leid 8A2
leider 6B2
Lenker, der 10.10
lernen 4A2
lesen 6A1
Leseübung, die 8C
Leute, die
  junge Leute 2B1
Licht, das 10.10
  Rücklicht, das 10.10
lieb 6B1
  Lieber Henk 3B
lieben 4B2
Lieblingsfach, das 6A1
Lieblingssport, der 6B2
liebst- ➔ lieb
  am liebsten 6A3
Lied, das 2B3
liegen 8B1
Lineal, das 3A3
links 3B
Liste, die 2B1
Loch, das 2B3
Luftkurort, der 3B
lustig
  etw. Lustiges 10.9

M

m = Meter 6A1
machen 2A2
  Urlaub machen 2B1
  Hausaufgaben machen 4A1
  etwas macht Spaß 4A1
  kaputtmachen 4B1
  ein Interview machen 5.2
  Musik machen 6A1
mag ➔ mögen 6A1
magst ➔ mögen 7C
Mai, der 10.2
mal 1A2, 6A1
malen 6A1
man 9A2
  man spricht Deutsch 10.1
manche 8B1
manchmal 7A3
mangelhaft 4B1
Mann, der 2B3, **9A2**
Mannschaft, die 6B2
Mark, die 2A2
Markstück, das 2A2
Mars, der 2B2
März, der 10.2

Maschine, die 9B1
(hier = Motorrad)
Maskulinum, das 3C
Mathe = Mathematik 4A1
Mathebuch, das 4A1
Mechaniker, der 2B1
Meer, das 2B1
mehr 1B, 9B1, 10.5
mein 1A1
Meinung, die
meiner Meinung nach 10.5
Mensch, der 10.1
Meter, der 6A1
mich ➔ ich
freut mich 2A1
Milch, die 10.9
minus 1A2
Minute, die 7A3
mir ➔ ich 3B, 8A2
Mist, der
so ein Mist! 5.3
mit
vergleichen mit ... 4A1
bringt das Turnzeug mit! 4A2
mitbringen 4A2
mitschreiben ➔ schreiben 4A2
mitkommen ➔ kommen 5.1
mitarbeiten 4C
Mitschüler, der 5.2
Mittag, der
am Mittag 7A3
Mitte, die 3B
Mitternacht, die
um Mitternacht 5.5
Mittwoch, der 4A1
möchte (mögen) 9A1
Modalverb, das 9C
Mofa, das 9A1
Mokick, das 9B1
Moment, der 8A2
Monat, der 7B3
Mond, der 6A2
Montag, der 4A1
Monteur, der 10.4
Moped, das 9B3
morgen 4A2
Motor, der 2B3, 10.10
Motorrad, das 7B3
müssen 7B3, 9A1

N

Nachmittag, der
am Nachmittag 7A3
nachmittags 8B1
nachschlagen 2B1, 9A1
nächst-
die nächste rechts 8A2
Nacht, die
heute nacht 10.7
nachts 8B1
Name, der 2A1
Nase, die 7B2
Natur, die 7B3
natürlich 9A1
neben 8A2
nein 2A1
neu 9B1
nicht 3A2
Nichtraucher, der 10.8
nichts 7B3, **10.6**
nicken 9B2
Niederlande, die 2B1
Niedersachsen 10.2
niemand 9A1
nimm ➔ nehmen 9A1
noch 8B1, 9A1
Nominativ, der 4C
Normalpreis, der 8B1
Note, die 8B1
Notiz, die 5.1
November, der 10.2
Nr. = Nummer, die 3A2
Nummer, die 3A3
nur 2A2, 9A2

O

oben 3B
oder 2A2
Öffnungszeit, die 7A1
oft 2B1
oh! 5.1
ohne 2A2
Ohr, das 7B2
Oktober, der 10.2
olympisch
Olympische Spiele 6A3
orange 6A2
Ordnungszahl, die 8C
Orientierung, die 8A2
Ortspräposition, die 8C
Osterferien, die 10.2
Ostern 10.2
Österreich 10.1

P

Paragraph, der = § 10.5
parken 9A2
Parkplatz, der 5.1
Partner, der 9B3
Party, die 7A3
Paß, der 1B
Pause, die 10.5
Pedal, das 10.10
Person, die 3C, 6A1
Personalpronomen, das 1C
Pfennig, der 2A2
Pferd, das 10.11
Pfingsten 10.2
Pflichtunterricht, der 4B1
Physik, die 4A1
Physikbuch, das 4A1
Piktogramm, das 6A3
Pilot, der 1B
pinkeln 4B2
Pkw = Peronenkraftwagen, der 5.1
Plan, der 9B2
Platte, die =
Schallplatte, die 6A1
Plattenspieler, die 9A1
Platz, der 6B2
Plural, der 2C
Pluralform, die 3C
plus 1A2
Polizei, die 8A2
Polytechnik, die 4B1
populär 6A3
Possessivpronomen, das 1C
Post, die 8A2
Postamt, das 10.8
Präsens, das 1C
Praxis, die 10.7
Preis, der 8B1
prima 7A1
Problem, das 8B2
Prozent, das 8B1
P.S. = Postskriptum, das
Nachschrift, die 5.2
Pullover, der 7B3
Punkt, der 5.3
pünktlich 10.5
putzen 7B3

Q

qkm = Quadratkilometer, der 10.1
quer 8B1

R

Rad, das 9A2
Radfahren, das 6A3
Rakete, die 6A2
Rand, der 2B1
Rathaus, das 8A2
Rathausplatz, der 8A2
Raucher, der 10.8
Rechenspiel, das 2A2
rechnen 1A2
recht haben 10.5
rechts 3B
reden 10.5
Reifen, der 2B3
reiselustig 8B1
reisen 8B1
Reisepaß, der 1B
Reiten, das 6A1
Religion, die 4A1
Religionsbuch, das 4A1
rennen 10.5
Rentner, der 10.4
Republik, die 10.1
restlich 7B3
richtig
das macht richtig Spaß 4A1
richtig ≠ falsch 9A1
Ringen, das 6A3
Rollenspiel, das 3A2
Rollschuh, der
Rollschuhlaufen, das 6A3
rot 6A2
rotbraun ➔ braun 6A1
Rotkäppchen, das 2A1
Rückfahrkarte, die 10.3
Rückfahrt, die 10.3
rückfragen 9C
Rücklicht, das 10.10
rudern 6A3
rufen 2B3
anrufen 10.7
Ruhe, die 9B2
ruhig 10.5

S

Sache, die 3C
Sackgasse, die 10.9
sagen 4A2
sammeln 1B, 6A1
Samstag, der 4A1
samstags 7B3
Sattel, der 10.10
Satz, der 1C
Satzfrage, die 2C
Satzklammer, die 9C
Satzrahmen, der 4C
sauber 10.6
sauber schreiben 10.5
sauer 10.6
schade 7A1
Schaltung, die 10.10
Schein, der
Geldschein, der 3C
schieben
durcheinanderschieben 10.6
Schieler, der 4B2
Schifahren, das 6A3
Schilaufen, das 6A3
Schild, das 5.1
schimpfen 2B3
schlafen 2B1
schläft ➔ schlafen 8B1
schlagen
➔ aufschlagen 4A2
➔ nachschlagen 10.6
Schleudergefahr, die 10.9
Schmerzen, die ➔ Hals-
schmerzen 10.7
Schmierer, der 4B2
schnell 3C, 9A1
schon 1A1
schön 2B2
bitte schön! 3A1
Schornsteinfeger, der 4B2
schreiben 3A2, 4A2
mitschreiben 4A2
Schulbuch, das 4A1
Schule, die 1A1
Schüler, der 3C, 4A2
Schülerin, die 10.4
Schulfach, das 4A1
Schuljahr, das 4B1
Schulordnung, die 10.5
Schulsachen, die 4A1
Schultasche, die 9A1
Schulter, die 7B2
Schutzblech, das 10.10
Schwamm, der 3C
schwarz 6A1
Schweiz, die 10.1
Schwester, die 2B1, 6A1
Schwimmbad, das 3B
schwimmen 5.1
Schwimmen, das 6A3
sehen 7C
sehr 3B, 6A1
sein
ich bin zwölf 1A1
sein
seine Schwester 2B1, 6A1
seit 6B2, 8A1
Seite, die 4A2
Seitenwind, der 10.9
Sekretärin, die 2B1
selbst 2A2
selten 7A3
September, der 3B, **10.2**
setzen ➔ einsetzen 3C
Sg. = Singular, der 9C
sich 6A1
sie 1A1
Sie 2A1
Sieger, der 5.3
siehst ➔ sehen 7C
sind ➔ sein 1A1
singen 9C
Singular, der 1C
sitzen 10.6
so 4A2
so ein Mist 5.3
so oft Sie wollen 8B1
bist du immer so? 9A1
so ist es 7A3
so viel 10.6
genau so groß wie 10.11
So ➔ Sonntag 9B1
sollen 9A2
Sommer, der 10.2
Sommerferien, die 8B2
Sonnabend, der 7B3
Sonntag, der 7A1
sonst 5.3
sooft 5.3
Sozialkunde, die 4A1
Sozialkundebuch, das 4A1
sparen 8B1
Spaß, der
das macht Spaß 4A1
spät 7A2
später ➔ spät 10.3
spätestens ➔ spät 7B3
Spiel, das 6A3
spielen 3A2, 6A1
Spieler, der 5.3
Spielregel, die 5.3
Spitze
Sport ist Spitze 4A1
Sport, der 4A1
Sportart, die 6A3
Sportclub, der 9A1
Sprache, die 6A1
sprechen 2B2, 8A1
spricht ➔ sprechen 10.1
springen 7B1
Stadion, das 8A2
Stadt, die 2B1, 8A2
Stadtplan, der 8A2
Star, der 8C
stark 10.7
statt 8B1
stehen 5.1
Steigerung, die 6C
stellen 10.6
still 10.6
Str. = Straße, die 8A2
Straße, die 8A1
streng 10.6
Student, der 8B1
Stück, das ➔ Geldstück, das 2A2, **3C**
Stuhl, der 3A3
Stunde, die 4A1
Stundenplan, der 4A1
suchen 9A2
Süden, der 8A1
Supermann, der 7B1

T

Tafel, die 3A3
Tag, der 1A1
täglich ➔ Tag 7B3
Tankstelle, die 8A2
Tanzen, das 6A3
Tasche, die 3A3
tauchen 2A2
Tausendmarkschein, der 2A2
Taxi, das 10.8
Technik, die 6A1
Tee, der 7B3
Teil, das 9B1
Tel. = Telefon, das; Telefonnummer,
die 9B1
Telefon, das 1B
telefonieren 9B1
Telefonzelle, die 8A2
Tennis, das 6A1
Termin, der 10.7
Terminplan, der 8C
Ticket, das 8B1
Tier, das 6B1
Tip, der 8B1
Tisch, der 3A3
Tischtennis, das 6A3
Tischtennisclub, der 6B2
Tischtennisplatte, die 6B2
Toilette, die 2A1
toll 8A1
Tour, die 8B1
Tourismus, der 10.1
Tourist, der 1B
Touristen-Information, die 8A2
Tourist-Info, die 8A2
Tournee, die 8C
trainieren 9A1
Training, das 7B3
trampen 8A1
Tramper, der 8B1
treffen 2B3
sich treffen 8A1
trennbar 4C3
Tretnähmaschine, die 9B1
trifft ➔ treffen 8C
trinken ➔ 7B3
tschüs 8A1
tun 7B3
Turnschuh, der 4A1
Turnzeug, das 4A2
tut ➔ tun 7B2, 8A2
was tut weh? 7B2
tut mir leid 8A2

U

Ü = Übung, die 1A1
üben 7B1
über
über die Straße 9A2
über 90 Millionen 10.1
Gespräche über Ferien 10.2
überhaupt
ich mag Sport überhaupt nicht 6A1
Übernachtung, die 8B1
übrigens 8A1
Ufer, das 10.9
Ufo, das 2B2
Uhr, die 5.5, 7A2
Uhrzeit, die 7A2